CW01654940

sorularla ve örnek vakalarla öfke kontrolü

PSİKOTERAPİST
MEHTAP KAYAOĞLU

sorularla ve örnek vakalarla öfke kontrolü

PSİKOTERAPİST
MEHTAP KAYAOĞLU

Yayın Yönetmeni: Ekrem Altıntepe
Editör: Özlem Gölcü Candemir, Rahime Sönmez
Tashih: Mehmet Nebioğlu
İç Tasarım: Said Demirtaş
Kapak Tasarımı: Mesut Sarı
ISBN: 978-605-131-347-4
Yayıncı Sertifika No: 12403
Matbaa Sertifika No: 12683
Baskı Tarihi: Kasım 2014
Baskı Cilt: Çınar Matbaacılık ve Yayıncılık
San. Tic. Ltd. Şti.
Yüzyıl Mahallesi Matbaacılar Cad. Ata Han
No:34 Kat:5 Bağcılar/İstanbul
Tel: (0212) 628 96 00

NESİL

Sanayi Cad., Bilge Sk., No: 2 Yenibosna
34196 Bahçelievler / İstanbul
Tel: (0212) 551 32 25 www.nesilyayinlari.com
Faks: (0212) 551 26 59 nesil@nesilyayinlari.com

NESİL YAYIN GRUBU — NESİL — ETKİLEŞİM — NESİL karakalem — SÖZ — genç NESİL — NESİL ÇOCUK
Nesil olmasaydı bir şeyler hep eksik kalacaktı...

© Fikir ve Sanat Eserleri Yasası gereğince bu eserin yayın hakkı anlaşmalı olarak **Nesil Basım Yayın Gıda Tic. ve San. A.Ş.**'ye aittir. İzinsiz, kısmen ya da tamamen çoğaltılıp yayınlanamaz.

sorularla ve
örnek vakalarla

öfke kontrolü

PSİKOTERAPİST
MEHTAP KAYAOĞLU

NESİL

MEHTAP KAYAOĞLU

1972 yılında Çorum'da dünyaya geldi. 1995 yılında Marmara Üniversitesi Rehberlik ve Psikolojik Danışmanlık Bölümü'nden mezun oldu. Mezun olduğu yıl yine aynı üniversitede Eğitim Bilimleri'nde Yüksek Lisans programını kazandı.
Mezuniyetinden sonra özel olarak psikoterapist eğitiminden geçti. Yıllardır uzman Psikolog ve Psikoterapist olarak, psikolojik rahatsızlıkların giderilmesine yönelik tedaviler (bireysel psikoterapi, çocuk ve ergen terapisi, evlilik terapisi, cinsel fonksiyonel bozukluklar, evlilik danışmanlığı) yapıyor.
Çeşitli gazete ve dergilerde, internet haber sitelerinde köşe yazarlığı yapıyor. 1993 yılında beri radyo ve televizyon kanallarında, erkek kardeşiyle birlikte, psikolojik içerikli programlar hazırlayıp sunuyor.
Ayrıca yazar, anne-baba eğitim seminerleri, yönetici seminerleri, kişilik gelişimi, cinsel fonksiyonel bozukluklar, ergenlik psikolojisi vs. gibi konularda, yurt içinde ve yurt dışında konferanslar veriyor.

e-mail: mehtap.kayaoglu@yuzlesme.tv
www.yuzlesme.tv
@mehtapkayaoglu

YAYINLANMIŞ ESERLERİ

- *Siz "Siz" Olun - Mutluluk Psikolojisi*
- *Dünyanın Sonu Değil - Ruh Sağlığını Korumak*
- *Öpücük Kutusu*

İçindekiler

İKİNCİ BÖLÜM:
ÖFKE İLE BAŞ ETME YÖNTEMLERİ

Her kitap bir değere hediye ediliyorsa eğer,
Başta biricik annem ve babama,
Can yoldaşım Sefer'e,
Kitap yazılırken uslu uslu yanımda oturup,
yanağımdan öpen minik aşklarım Ecrin ve Arhan'ıma...

Başlarken

ÖYLE BİR MİSAFİR DÜŞÜNÜN Kİ hayatınızın her alanında:

Eve gelse;

Anne ile evladının arasını açıyor.

Severek evlenen insanları canından bezdiriyor.

Babayı evlat düşmanı yapabiliyor.

İş yerine gelse;

Patronunuzu size düşman gibi gösteriyor.

Mesai arkadaşlarınızın sizi küçümsediğini düşündürtüyor.

İşverenseniz, çalışanlarınızın işi yavaşlattığını zannettiriyor.

Okula gelse;

Öğretmeni çileden çıkarıyor.

Öğrencilerin arasında kavgayı, saldırganlığı kol gezdiriyor.

Küçük çocukların sayısız darp almalarına neden oluyor.

Öyle bir misafir düşünün ki, gittiği her yerde insanlara hayatı zorlaştırıyor...

Bu misafiri kabul eder misiniz?

Onu evinize almak ister misiniz?

Kim ister ki!

'Öfke' öyle bir misafir işte!..

Lafa gelince kimsenin istemediği, ama evimizden, işyerimizden nasıl uzaklaştıracağımızı bilemediğimiz, oysa yapıcı ve iyi yanlarıyla aramıza gelse, hiç mi hiç bırakmak istemeyeceğimiz iki yönlü bir misafirdir öfke.

Olumlu sonuçları keşfedilse çok işe yarayacak, olumsuz sonuçları kullanıldığında işleri zorlaştıracak...

YILLARDIR TALEP eden herkese farklı konularda davranışlarını, düşüncelerini nasıl değiştirebileceklerini anlatıyorum. Benzer yöntemleri öfke kontrolü için de kullanıyorum.

Öfke, normal ve sağlıklı bir duygudur. Zararlı olan, onun yanlış düşüncelerle kışkırtılıp, saldırganlığa dönüştürülmesidir. Bu kitap da, yılların bireysel ve grup tecrübesinin yazıya dökülmüş halidir. Kitabın yazılmasındaki temel amaç; elinizin altında uygulanabilir, pratiğe dönük bir öfke kontrol kitabının olması.

Olur ya; öfkenizden kurtulmak, onu kontrol altında tutmak istersiniz, bulunduğunuz yerde yardım alabileceğiniz bir uzman bulamazsanız, alırsınız öfke kontrol kitabımızı ve başlarsınız okumaya.

Zaten psikolojinin en çok ilgilendiği gizemli yolculuklarından biridir öfke. Dolayısıyla hakkında yazılacak öyle çok malzeme var ki. Okuduğunuzda göreceksiniz, öfkenin felsefesini yapmadığımı, öfkeyle ilgili dolambaçlı yazılar yazmadığımı. Doğrudan uygulanabilir, pratik bir öfke kontrol bilgileri kazandırma kitabı yazdım herkes için.

Elinizdeki kitap özgün bir eser olmayıp, daha önce yapılmış öfke kontrol eğitimlerimizin günlük bilgilerle, bireysel ve kurumsal danışmanlık tecrübelerimle harmanlanarak size ulaştırılmış şeklidir. Yazarı her ne kadar ben görünüyorsam da, okuyacağınız bilgilerde pek çok uzman arkadaşıma yabancı olmayan bilgiler bulacaksınız.

Kitabı okuduğunuzda öfkenizle baş etmeyi bir parça olsun öğrenmiş olacaksınız. Daha profesyonel eğitimler ve 'öfke kontrolü becerisi' kazanmak için bizimle temasa geçmeniz yeterli sevgili dostlar!

Aklınıza gelenleri; öfke kontrol süzgecinizden geçirip, sevdiklerinizle daha huzurlu yaşadığınızda, içinizde bir yerlerde bana teşekkür ettiğinizi hissedeceğim!..

Mehtap Kayaoğlu

Birinci Bölüm

Öfkenin hayatımızdaki yeri

Mazeretim yok, asabiyim ben!

SEKRETERİM İÇERİ GİRDİĞİNDE gözleri kocaman kocamandı. Bu bakışı çok iyi tanırım! İçeride, bekleme odasında işler yolunda gitmediğinde gözlerindeki o anlam mutlaka değişir. Ve yine değişmişti. "Ooo iyi vallahi... Siz burada insanlarla uğraşıyorsunuz ama, ben de içeride az uğraşmıyorum" der sessiz kelimelerle, gizli ve heyecanla.

"Ne oldu?"

"Ya Mehtap Hanım. İçerideki bayan sabırsızlandı da, hemen alırsınız değil mi?"

Hemen alırım almasına da, saatime baktım gayriihtiyari olarak. Randevu saatini iki dakika geçmiş.

"Alırım şimdi de; henüz randevu saatini iki dakika geçmiş. Endişelenmene gerek yok! Odayı havalandırıyordum. Bir dakika içinde alırım."

MÜMKÜN OLDUĞUNCA her seans sonrası odayı havalandırırım. Seans sürelerimiz ortalama 45-50 dakikayı bulur. Genellikle saat başlarında randevu veririm. Her görüşmenin ardından da mutlaka odayı havalandırmaya dikkat ederim.

Odayı havalandırırken biraz da kendimi havalandırırım aslında. Camın önüne geçer, apartmanın arka tarafına bakan, pek de matah olmayan manzaramda güzel hayaller kurmaya çalışırım. Çok yorulmuşsam eğer, erkek kardeşim Sefer'i ve annemi alıp gideceğim tatilin hayalini kurarım. Veya yorgun hissediyorsam, akşam elimde kumanda yayılıp TV izleyeceğim saatleri...

Bu arada odanın havası değişir. Hava değişimi olduktan sonra, birdenbire ortamın havası da değişir anlayacağınız. Bu sırada benim havam da değişir tabii ki. Bir danışandan, sırada bekleyen diğer danışana duygu aktarımı yapmamanın en iyi yoludur odanın havasını değiştirirken, duygularınızın da havasını değiştirmek.

Arada kurduğunuz hayaller, beyninizin boşalmasını sağlar. İyi olur özetle. Benim için, giden danışan için, yeni gelecek danışan için ve oda için...

"Oda için mi? Nasıl yani? Odanın canı mı sıkılıyor ki?" diye düşünebilirsiniz. Nedense, odanın bile sıkıldığını düşünürüm ben! Dili olsaydı, kimbilir neler söylemek isterdi? Hani bazen evinizde olur ya; "Ruhum daraldı, ev üzerime üzerime geliyor" dersiniz, İşte o anlar, evinizin size "Seni taşımak istemiyorum. Hadi bir süre dışarı çık, git bir dolaş. Rahat bırak beni!" dediği anlar gibi gelir bana.

"DIŞARIDAKİ BAYAN erken geldi biraz. Yarım saattir bekliyor. Çok sinirli bir görüntüsü var. Deminden beri soruyor sizi, 'Kaçta alacak?' diye."

"Çay, kahve ikram etseydin."

"Sordum, istemedi. 'Çay içmeye gelmedim buraya. İşimi bitirin de gideyim' dedi."

İlk yıllarım olsaydı ödüm kopardı doğrusu. Kendimi Rocky filmi serisinin yedincisini çekecekmişim gibi hissederdim. Ringe çıkıyoruz, eller yüzümde sadece burnumu, çenemi korumak için kapatıyorum kendimi. Çay içmeye gelmeyip, işini halletmemizi bekleyen bayan beni pataklıyor. Ay, ne kötü bir senaryo!

İyi ki hava alırken kurmuyorum böyle hayaller. Ailemle tatile gitmek iyi fikir! İşin esprisi bir yana, hiç sorun değil bence. Evet, evet; hiç sorun değil. Her zaman görmeye alışık olduğum, 'öfke potansiyeli yüksek' bir danışan daha gelmiş, o kadar.

Onlarla iyi geçinirim ben. Aramız hep iyidir. Severiz birbirimizi. Zamanla hatırımız oluşur duygularımızda.

KORİDORDAN BEKLEME odasına doğru giderken, ister istemez merak ediyorum kimin geldiğini, nasıl bir kişiyle karşılaşacağımı. Bekleme salonuna ulaştığımda, koltuklarda sadece bir kişi oturuyor. Şu çıtı pıtı, zarif görünümlü, güzel kadın mı korkuttu benim sekreterimi yoksa? Bana bakmıyor zaten. Kızmış olduğu buradan belli. Odaya girdiğimin farkında; fakat sanki saatlerdir onu bekleterek kişisel hak ve özgürlüklerini ihlal etmişim gibi tavır almış.

"Çıtı pıtısın ama, tavrın babayiğit maşallah! Nasıl da kaygılandırmışsın sekreterimi" diyor içimdeki ses.

"Zülal Hanım, hoş geldiniz?"

"Hoş bulduk" diyor bana doğru bakıp zar zor tebessüm ederek.

Bu arada ona hoş geldiniz dediğimde randevu saatini üç dakika geçmişti. Üç dakika için verilen toleransı bir kenarıma yazıyorum çaktırmadan.

"Sizi odama alayım mı? Buyurun lütfen" diyorum güzel bir edayla.

Tebessüm ederek "Olur" diyor.

"Ne ikram edeyim size? Ne içmek istersiniz? Çay, kahve, bitki çayı, soğuk bir şeyler?"

"Çay alabilirim."

ODAYA GEÇİYOR ve odada yerlerimizi alıyoruz. Her zaman olduğu gibi ilk tanıştığım kişiler hakkında minik minik notlar tuttuğum dosyamı elime alıyorum.

"Tekrar hoş geldiniz. Sizi buraya getiren nedir? Nasıl yardımcı olayım size?"

"Teşekkür ederim. Tekrar hoş buldum. Vallahi Mehtap Hanım, doğrusu buraya niye geldiğimi ben de bilmiyorum. Geçen gün kitabınız geçti elime, geçen yıl fuarda almıştım. Öyle evde duruyordu. Bir göz atayım dedim birkaç gün önce. Öyle işte ve sonuç olarak buradayım."

"Anlıyorum..."

"Ne bileyim, kendime yakın hissettim sizi. Gelip bir şeyler anlatırım diye düşündüm. Gerçi ne anlatacağımı da bilmiyorum. Sersem gibi, tâ nerelerden kalk gel, niye geldiğini bile bilme. Akıl kârı değil doğrusu!"

"En güzel gelme nedeni budur çoğu zaman."

"Cidden mi? Benim gibi tipler var mı yani?"

"Duygu dürter insanı. Bir bakmışsınız bedeniniz orada."

"Hımm, doğru aslında. Duygusal bir şey sözkonusu sanırım. Yazılarınızı okuyordum. Bu yazılarınızın bazılarında abartısız, kendimi buldum çoğu zaman. Sizinle tanışmak, öylesine sohbet etmek istedim anlayacağınız."

"Çok iyi yapmışsınız. E, o halde tanışalım?"

"Ben 29 yaşındayım. Evliyim. İyi bir şirkette mali müşavir olarak çalışıyorum. 3 tane çocuğum var. Üst üste doğdular, birer yaş arayla."

"Ooo ne güzel. Allah bağışlasın."

"Âmin de; güzel mi bilmiyorum?"

Hıı... Eyvah, gaf bir! 'Oh ne güzel' diyorum ve Zülal Hanım güzel olup olmadığı noktasında sıkıntılı! Hemen ekleme yapıyorum:

"Allah yardımcınız olsun."

"Aaa evet, kesinlikle."

Kısa bir süre bekliyor ve ekliyor:

"Aslında Allah çocukların yardımcısı olsun."

Tam içimden onu buraya getiren, duygusunu dürten, sıkışmışlığı olabilir diye düşünecektim ki 'Allah çocuklara yardım etsin' eklemesi yaptığında, anneliğiyle ilgili endişeleri nedeniyle gelmiş olabileceğini hissettim. Sıkışmışlığı, anneliğiyle ilgiliydi belli ki. İyi giyimli, bakımlı bir kadındı Zülal Hanım. Üstelik bir hayli kibardı da. Yüzünde çizgiler keskinleşmiş, yüz hattı gününün çoğunu kızgın geçiren bir insanınki gibiydi. Bakışlar ise oldukça sert. Gülümsüyor, ama gülücüklerin arasından, buluttan süzülen güneş ışığı gibi, keskin ifadeler kayıp geliyor. Nezaketen gülmeye çalıştığı, kendi haline bırakılsa dalıp gideceği, öfkeli ifadenin yüzüne hâkim olacağı çok belli...

"Nasıl gidiyor hayat? Neler yapıyorsunuz?"

"İş güç. Eve gelince ise çocuklar. Anlayacağınız koşturmacayla geçiyor."

"Kim bakıyor çocuklara?"

"Bakıcı."

"Yaşları kaç çocukların?"

"Hepsi kız. En büyük dört, ortanca iki buçuk yaşında; küçük 11 aylık."

"Oldukça küçükler."

"Yaa evet! Çocukları çok severim aslında. Ama hepsi bir arada olunca çok yoruluyorum. Eşim çok istiyor diye dünyaya getirdim aslında. Pişmanım demek istemiyorum tabii ki ama, cidden zor. Mesela sonuncu istemeyerek oldu. Aldıramadım da. Eşime çok kızıyorum; hatta belki eşime kızdığım için gelmişimdir."

"Kimbilir!"

"İş hayatını seviyorum ben. Aslında çalışmak, üretmek için yaratılmış gibiyim. Üç çocuk fazla geliyor bazen. Diğer yandan millet çocuk sahibi olabilmek için türlü yollar deniyorken, kendi yaptığımın nankörlük olduğunu düşünüyorum.

Anlayacağınız Mehtap Hanım, kafam çok karışık..."

'Üretmek için yaratılmışım!' Ülkemizde kadınlar anneliği, anne karnında bebeğin gelişimini, bebeğin topluma kazandırılmasını üretimden saymıyor sanırım. Oysa doğurganlık da kadının üretebilirliğidir. Biz hep mal ve hizmet üretimini önemli sayıyoruz. Ve bir kadın hem üretmek için yaratıldığını söylüyor, hem de üretebilirliği için kocasına ve kendisine kızıyor. Ne yıpratıcı bir duygusal çelişki! Burada başka bir iş var.

"Çalışıyorsunuz ve üretkenliğiniz devam ediyor..."

"Evet, ama siz bana sorun, nasıl devam ediyor diye. İşlerimiz anormal yoğun. Akşama kadar mahvoluyorum. E, ben eve gidince bakıcı kadın gidiyor. Gece çocuklarla ilgilenen hep ben. Mamaları, uykuları, bezleri... Delirecek gibi oluyorum. Eşim sağ olsun hiç ilgilenmez. Varsa yoksa TV karşısında maç, tartışma programı... Nefret ediyorum şu televizyondan. Bir de elinde telefon."

"Hımm."

"Geceleri iki küçük ağlıyor. Uykuları tam düzene girmedi. Aslında en küçük ağlıyor, o ağlayınca ortanca da uyanıyor. Biri ayağımda, biri kucağımda onları uyutmaya çalışıyorum yeniden. Tabii uykumun tadı kaçıyor."

"E, haliyle tabii."

"İşe bir gidiyorum, zombi gibi. Kıpkırmızı gözler. Patron da haklı olarak performans istiyor."

Zülal Hanım, bekliyor bir süre. Oda sessizleşiyor. Ben de sessizliği bozmamaya özen gösteriyorum.

"Aslında hiç evlenmeseydim keşke. Daha 29 yaşındayım. Millet benim yaşımda yeni evleniyor. Ben ne diye acele ettiysem."

"Kaç yaşında evlendiniz?"

"23 yaşında."

"Eşiniz kimdir? Ne iş yapar? Biraz ondan bahseder misiniz?"

"O da 34 yaşında. Serbest sektörde çalışıyor, benim gibi

çok yoğun. Doktor bu arada. Esasında iyi biridir, ona da haksızlık yapmayayım. Amaaan ne bileyim! İyi biri ama, ben ona da sinir oluyorum. Herşeye sinir oluyorum anlayacağınız."

"Aileniz var mı? Neredeler?"

"İkimizin ailesi de dışarıda. Yakın olsaydık daha kolay olurdu belki. Yalnızız buralarda. Hem yalnızız, hem de 3 çocuk, düşünebiliyor musunuz? Ne delilik bu! Çıldırmamak işten değil."

Çocukların anneyi çok yorduğu belli. Yahut Zülal Hanım'ın çocukları hakkında düşünerek kendisini gereğinden fazla yorduğu; hatta kışkırttığı.

"Çocuğunuz olmadan önce, çocuklar hakkında bir şeyler biliyor muydunuz?"

"Yoo, hiçbir şey bilmiyordum. Kendi çocuklarımla öğrendim sayılır. Sahi, bunu da soracaktım size. Örneğin ortanca kızım, o kadar çok ağlıyor ki inat ediyor her konuda. Hiçbir söylediğimi yapmıyor, delirtiyor beni. Akşam 7'de eve geliyor. O saatten sonra bile kendi kızıma dayanamıyorum. Allah bakıcının yardımcısı olsun. Nasıl dayanıyor üçüne birden anlamıyorum. Verdiğimiz her kuruşu hak ediyor vallahi. Kızımın bu şekilde ağlaması normal mi? Yoksa biz mi ne yapacağımızı bilmiyoruz?"

"Bebekler 2,5 yaş sendromu yaşarlar. İnatçı, hırçın olmaya yatkın bir dönemdir ve çok ağlarlar. Sebepli sebepsiz ağlama nöbeti geçirirler. Dikkatlerini başka tarafa çekmeye gayret edeceksiniz ve ağlamalarını stresinizin ana meselesi haline getirmemeye gayret edeceksiniz."

"Normal diyorsunuz yani?"

"Garip ama, evet..."

"Mehtap Hanım, aslında bizde eksiklik var diye düşünüyorum. Oturup onlarla ilgili kitaplar falan okusam daha anlayışlı olur muyum dersiniz?"

"Muhtemelen... Büyüme dönemi özelliklerini bilmek sizi ra-

hatlatabilir. Yaptığı davranışlarda kasıt olmadığını, benzer yaşlarda her çocuğun ortalama aynı davranış özellikleri gösterdiğini bilirsiniz en azından."

"Hımm... E, ama yemek yaparken de deliriyorum ben?"

"Deliriyorum derken?"

"Yani yemek yapmayı sevmiyorum. Eşim de boğazına düşkün. 'Onu yap, bunu pişir,' yetişemiyorum inanın. Ütü mü yapayım, yemek mi, ev işi mi?"

"Evlilik öncesi ev işleriyle aranız nasıldı? Kimi insanlar rahat iş yaparlar, bir çırpıda biter, kimileri için daha zordur mesela..."

"İşin doğrusu ben hiç iş yapmadım evlenmeden önce. Söylediğim gibi üretmeyi seviyorum. Ev işleri bana boşa zaman kaybı gibi geliyor. Hiç anlamam. Becerikli bir kadın iki saatte üç çeşit yemek çıkarırsa, ben iki saatte ancak bir tane yaparım veya kolay şeyler işte; makarna, hazır köfte kızartmak gibi. Onda da zorlanıyor olabilirim. Bir de çok sinirliyim ben. Herşeye çok çabuk kızabiliyorum. Yemek yaparken çocukların mutfağa gelmesine, sofra kurmaya, eşimin içeride oturmasına, çamaşır asarken silkelemek zorunda olmama, yatarken yorganın ayağıma dolanmasına... Abarttığımı düşünebilirsiniz ama, herşeye çok sinirleniyorum!"

"Peki, bu neyin öfkesi sizce?"

"Bilmiyorum ki, aslında siz söyleyin diye geldim. Yoksa benim ana sorunum 'öfke' mi?"

"Öfke günlük hayatınızı zorlaştırıyor olabilir. Kontrol edilmediğinde performansı düşürür, dikkat dağıtır, kişiler arası uyumu bozar..."

"İş yerinde de öyleyim, sadece ev olsa. Müdür herkese görev veriyor, millet yapıyor, ben sinirleniyorum niye bu işleri bana verdi diye. Öyle ya, adam maaş veriyor, tabii ki iş verecek. Bunların farkındayım. Cahil bir insan değilim."

"Gereğinden fazla yüklenmiş olabilir misiniz kendinize?"

"Nasıl yani?"

"Mükemmeliyetçi kişilikler vardır. Herşey tam olsun, dört dörtlük olsun isterler. İşlerin doğru yapıldığından emin olmak için yavaş yaparlar. Böylece performans düşük görünür. İstedikleri gibi yapamadıklarında, herşeyi yanlış veya eksik yaptıklarını düşünerek kendilerine eziyet ederler."

"Ay Mehtap Hanım, siz tam beni tarif ediyorsunuz. Herşey yerli yerinde olacak, işler benim istediğim gibi gidecek. Örneğin geçen gün bir arkadaşla buluşacaktık, on dakika geç geldi diye bana saygısızlık yaptığını düşündüm. Bırakıp gittim. Arkadaş aradı aradı, açmadım telefonumu da. Gerçi huyumu bildiği için anlamıştır bırakıp gittiğimi."

Böylece üç dakika için surat asılmasının, kendi günlük hayatındaki tahammülsüzlük sınırıyla doğrudan ilgisi olduğunu anlamış oldum.

"Sizin için zor olmalı, bu şekilde yaşamaya çalışmak."

"Evet zor, ama işe de yaramıyor değil. Geçen yıl eşim beni yolda onbeş dakika beklettiği için bir ay konuşmadım. O günden beri beni hiç bekletmiyor. Vallahi öyle bir burnundan getiriyorum ki, sıkıysa yapsın aynısını. Veya bakıcı kadın, evde söylediğim işleri zamanında yapmadığında çok kızıp sinirleniyorum. Kadıncağızın ödü kopuyor, hemen yapıyor. Erkek kardeşim gelmişti birkaç ay önce. Eve geç geldi bir gün. Ona da 'belirli saatte evde ol' diyorum. Sinirlenip, bağırınca dediğimi hemen yapıyor."

"Öfke işinize yarıyor anlaşılan."

"Evet, ama hiç istemiyorum ki. Ben böyle bir insan olmak istemiyorum anlayacağınız."

"Böyle bir insan değilsiniz zaten. Zaman zaman hepimiz kendimiz gibi hissetmediğimiz davranışlar sergilemek zorunda kalırız aslında."

"Beni teselli etmek için böyle söylemenize gerek yok. Bir şarkı vardır bilmem hatırlar mısınız? 'Mazeretim var, asabiyim ben.'"

"Uzman gözüyle söyleyeyim ben de öyleyse. Öfkenin mazereti olamaz. Mazeretim yok, ama asabiyim ben! Yani öfkenin sebebi olabilir, ama bahanesi yoktur."

Gülüşüyoruz Zülal Hanım'la...

"Bu arada sizin sekreteri de biraz üzmüş olabilirim. Dakika konusunda hassasımdır. Fazla sert davranmış olabilirim. Kusura bakmayın ne olur."

"Rica ederiz. Rahat olun lütfen."

"Ayyy, herkes benim gibiyse yandınız doğrusu."

"İşimizi seviyoruz, buraya gelenleri de tabii ki. Hepinizle birlikte yeni şeyler öğreniyoruz, birbirimizle alışveriş yapıyoruz. Keyfimiz yerinde, merak etmeyin."

DERKEN ÖFKENİN aslında ne kadar şikâyet edilse de günlük hayatta çok işe yaradığını anlatıyorum Zülal Hanım'a.

Her öfke, yapısı gereği bir işe yaradığı müddetçe kullanılan bir davranış biçimidir. İşe yarayan davranışlar, kişi tarafından refleks olarak tercih edilir. İşe yaramayan hiçbir davranış yoktur ki varlığını sürdürsün.

Zülal Hanım'la öfkeyi tanıması, öfkesiyle baş etmeyi öğrenmesi gereği üzerine konuştuk uzunca bir süre.

"Günlük hayat, alışkanlıklarınız, yaşam şekliniz, olaylara bakış açınız zamanla sinirlerinizi yıpratmış olabilir. Bu yıpranmışlık, yaşam felsefeniz haline geliyor ve davranışlarınıza yansıyor. Bir süre sonra şikâyet ettiğiniz davranışlarınızdan bağımsız yaşayamıyorsunuz. Ve çevreniz de sizi, ancak sinirlenip bağırdığınızda duymaya başlıyor maalesef. Duymalarını her istediğinizde bu tavrı sergiliyorsunuz. Anlaşacağınız ilişki normaliniz, şikâyet ettiğiniz bu öfkeli haliniz olmuş."

"Aman aman olmasın. Kurtarın beni bu öfke nöbetlerinden. Cidden geçer mi Mehtap Hanım?"

"Tabii ki. Öfke kontrol çalışmaları, öfkeyi yok eden değil, öfkelendiğimizde davranışlarımızı kontrol altına almamızı öğrendiğimiz bir çalışmadır."

"Peki, öğrendiklerimi unutur muyum? Eski tas, eski hamam olmasın da."

"'Öfke kontrol eğitimi,' kişiye ezbere bilgi aktarma değil, 'beceri kazandırma eğitimidir.' Beceriler, kazandırıldıktan sonra kolay kolay unutulmaz."

"İnşallah."

"Unutur gibi olduğunuzda yine gelirsiniz. Ben buradayım."

"Çok teşekkür ederim. İyi ki varsınız Mehtap Hanım!"

ODADAN ÇIKIYOR ve öfke kontrol eğitimi için yeni randevusunu alıyor Zülal Hanım. Onunla birkaç hafta bir arada olacağız ve adım adım öfkeyi kontrol etmenin yöntemlerini öğreteceğiz. Çok rahat edecek, çok...

Öfke nedir?

"Öfke, ruhsal bir intihardır."
—Swami Sivananda

ÖFKE; 'ENGELLEME, incinme veya gözdağı karşısında gösterilen saldırganlık tepkisi, kızgınlık' anlamlarına gelir. Aslında normal ve sağlıklı bir duygudur! Öfke sağlıklıdır, çünkü heyecan gibi, sevinç gibi, hüzün gibi insanî yanımızın önemli bir parçasıdır. Ne kadar garip değil mi? Heyecan gibi, mutluluk gibi, endişe ve korku gibi normal ve bir o kadar sağlıklı bir duygu. Her insanda olması gereken, olmadığı zamanlarda endişelendiğimiz duygular gibi...

Öfkede ana sıkıntı, öfkenin varlığı değil; kontrol edilmemesi ve iç dünyamızda öfkeyi işleyememekten kaynaklanan saldırganlığa, şiddete dönüşme halidir.

Öfke gerçek veya hayalî bir zarar görme endişesinden ortaya çıkabilir. Kişi gerçek veya hayalî olarak zarar göreceğini düşündüğü duruma karşı intikam ve cezalandırma duygusuna kapılır. Göreceği zarardan memnun olmaz. Dolayısıyla öfke ile bu durumu kendisinden uzaklaştırmak ister.

Birçok kez hayatta istemediğimiz mutsuzluklar, hak etmediğimizi düşündüğümüz olaylar karşısında öfkeleniriz. Yaşamın zorluklarına karşı tahammülümüzü yitirmemiz, tolerans düzeyimizin azalması, bilinçdışımıza attığımız zorluklar, kişilik sorunlarımızın bizde derin sıkıntılar oluşturması gibi nedenlerle öfkeli bir insan haline gelebiliriz. Öyle veya böyle, içimizden-dışımızdan gelen, gerçek veya gerçekdışı herhangi bir sebepten dolayı sinirlenebiliriz.

İşte öfkeye bu gözle bakmalı insanlar. Yani normal ve sağlıklı duygulardan biri gözüyle. Çünkü öfkenin vesile olduğu faydalardan istifade ederiz, etmeliyiz de. Öfke; farkında olunan, günlük hayatımızı kolaylaştıran sistem olarak kaldığı müddetçe sorun yoktur. Bundan emin olabilirsiniz; ama kontrolden çıkıp yıkıcı hale dönüştüğünde, günlük hayatı zorlaştırır, kişisel ilişkilerinizde sorunlara yol açar. İşte bu noktaya dikkat edilmeli!

Hiçbir insan öfkeli olarak dünyaya gelmez. Ancak anne karnında geçirilen zaman, aile içi ilişki biçimleri, yakın çevre ve sosyal çevreden öğrenilenler insanı öfkeli hale getirir. Öfkenin tarihi, insanlığın tarihi kadar eskidir. İlk insandan günümüze, günümüzden kıyamete kadar yaşanacak normal ve sağlıklı bir duygudur.

ÖFKE, 'ÖĞRENİLEN' BİR SÜREÇTİR

İnsan sosyal bir varlıktır. Yer, içer, gezer, dolaşır, sohbet eder... Hayatı mümkün olduğunca eğlenceli yaşamaya çalışır. Monotonluktan hoşlanmaz. Yaşamı boyunca, elinden geldiğince kontrollü olmaya çalışır. Bilerek, isteyerek hatalar yapmamaya çalışır. Kimseyi incitmek istemez. Verdiği kararların, ileriye dönük olumlu sonuçlar doğurmasını amaçlar. Bütün bunları yapar yapmasına da acaba istediği herşey tam da istediği gibi olur mu?

Olmaz elbet!

Hayal ettikleriyle, günün şartlarının örtüşmemesi nedeniyle kimbilir neleri içine hapseder insan! Beklentileriyle ulaşabildikleri çoğu zaman birbirine denk düşmez. Derken; öfkeyi biriktirmeye başlar insan. Yaşadıklarının ve gördüklerinin etkisiyle öfkeli olmayı öğrenir yavaş yavaş...

Ve ne kadar az kelimeyle kendimizi ifade ediyorsak o oranda öfkeyi biriktiririz. 'Milletçe öfkeli' hale bürünmemizin altında yatan sebep de bu. Kendimizi kelimelerimizle, cümlelerimizle ifade etmeyi unutur hale geldik de ondan. Kendimizi dinletmeyi unuturken, karşımızdakini dinlemeyi de ihmal ettik. Otomatik hatalı düşünceler ve olumsuz bakış açıları tahammül sınırlarımızı daralttı. Derken öfkeli insanlar olup çıktık. Aslına bakılırsa 'öfke;' belirli sınırlarda işimize yarayan, insanî bir duygudur. Ama öfkenin taşkın hale gelmesi ve kontrol edilmemesi olumsuz sonuçlara neden olur. İşte bu noktada merak edilen soru, "Öfke kontrol edilebilir mi?"

Pek çok kişinin inanası gelmez ama, '*öfke kontrol edilebilir.*' Yani öfke son derece doğal ve fıtrîdir. İnsanın içinden gelen, hakkında bilgi sahibi olduğunda rahatlıkla kontrol edebileceği bir duygudur öfke.

Öfke, tehdit olarak algılanan durum ya da kişiler karşısında, onlara saldırıp sataşmaya yönelik hissedilen duygunun adıdır bir yerde. Çocukluk yıllarından itibaren öğrenilerek gelişir. Daha ziyade meydan okuma algısına veya karşımızdaki kişilerin bizi tehdit ettikleri algısıyla birleşir. Hatta pek çoğumuz, dışarıdan gelen ani bir uyarıcı olmasa bile, kendi iç duygularımızda öfke duygusu yaşayabiliriz. İçten içe kızmalar, sinirlenmeler, sinirden oraya buraya sataşmalar gibi...

Psikolojideki klasik davranışçı yaklaşımlar öfke ve saldırganlığı 'öğrenilmiş bir davranış' olarak açıklıyor. Bilişsel yaklaşımlarsa; öfkenin oluşmasında algı, anlamlandırma ve yorumlamanın rolünü uzun uzun anlatıyor. Sonuçta psikolojideki birçok kuram öfkenin, diğer sosyal davranışlar gibi öğrenilmiş ve sonradan kazanılmış bir tutum olduğunu vurguluyor.

Günlük hayatınıza göz attığınızda fark edeceksiniz; ilişkiler ve sosyal yapılanma kişilerin öfkeli davranışlarını besleyici özellikte maalesef. Yani evde işlerin istediği gibi yapılmamasından şikâyet eden eş, surat asmaya, bağırıp çağırmaya başladığında hedefine ulaşıyor. Dolayısıyla artık eşine isteklerini yaptırmanın kolay yolu olarak öfke davranışını kullanmaya başlıyor. Niçin böyle davrandığını sorduğunuzda verilen cevap çok net geliyor:

"Ne yapayım, başka türlü dediğimi yapmıyor. Onun anladığı dil bu!.."

Toplumda büyüğünden küçüğüne herkesin anladığı dil öfke dili olunca, öfkeyi amaca ulaşmanın kolay yolu olarak kullanmamak acayiplik gibi görünüyor değil mi?

Yanlışların, doğru gibi algılanması bu olsa gerek. Güzel sözle işini yaptırama, ama bağır çağır, her istediğin yerine gelsin!

Öfkenin, zamanla öğrenilen bir davranış olması böyle bir şey işte. İnsanî olan ve kendisini korumaya yönelik olan bu duygu, zaman içinde çok da işe yaradığı için tamamen davranışlara yerleşir. Boyutları fazlalaşmaya başladığında da içinden çıkılmaz haller alır ve kırıcılığa, ilişkiyi tehdit eden boyutlara ulaşır. Bu noktaya gelindiğinde ise yardım almak istiyor çoğu insan. Bu sebeple de, "Öfkeden kurtulabilir miyim?" şeklinde binlerce soru ulaşıyor bize.

Elbette öfkeden kurtulabilir insanlar. Sonuç olarak öfke, öğrenerek ve bol bol deneyerek kendinize kazıdığınız bir süreç. Öfkenizin temellerini ve adım adım ondan uzaklaşmanın metotlarını öğrendiğinizde tamamen kurtulabileceğiniz bir durumdur.

Öfke, aslında çok işe yarar!

"Öfke, kötü bir öğütçüdür."
—Bernard Shaw

ÖFKE, SİNİR, PATLAMA NÖBETLERİ... Saya saya bitirilemeyecek gibi gelen, sonradan üzülerek abartı tepkiler verilen ve elde olmadan oluşan öfkeli tutumlar vardır.

Öfke ne kadar işe yarıyor dediysem de hepiniz biliyorsunuz ki, insanlar önce öfkelenir, sinirlerine hâkim olamayarak kırıp geçirir, ardından çok üzülür. Hem öfkesinde haklıdır, hem de öfke sonrası yaptığı yıkıcı davranışlardan dolayı üzgün. İşte bu çatışmalı duygudan kurtulmak lazım. Yani öfke halini tanımak, öfkeyle nelerin yapılacağına karar vermek ve en önemlisi de öfkeyi kontrol etmek gerekir.

Bilindiği gibi öfke insana zarar verir. İlişkileri zedeler. Kişinin kendisine olan saygısını yitirmesine neden olur. Öfke, ortaya çıktığı an işe yarar gibi görünse de uzun vadede pek çok zararı beraberinde getirir. Yine de öfkeleniriz. Peki neden hep öfkeli davranışlar sergileriz?

Öfkemizde; "Haklıyız," diğerinde "Mecburen yaptık," bir önceki günde "Kötü bir anımıza denk geldi" vs. derken bir bakıyoruz ki, günümüzün neredeyse yarısı öfkelenerek, bağırarak, sinir krizleri yaşayarak geçmeye başlamış.

"Neden hepimiz bu kadar öfkeli olduk?"

"Öfkelenmesek olmaz mı?"

Yok, olmaz! Neden mi? Çünkü öfke çok işe yarar!

"Hadi canım sen de!" demeyin ve kitabınızın sayfalarını kapatmayın! Doğru okudunuz, *öfke, çok işe yarar!*

AYNUR HANIM'IN DEĞİŞEN HAYATI

Aynur Hanım 32 yaşında. 5 çocuklu ailenin ikinci evladı olarak dünyaya gelmiş. Liseyi zar zor bitirdikten sonra, babasının isteği üzerine yakın aile dostlarının oğluyla evlenmek zorunda kalmış. Başlangıçta mecburî görünen evlilik, zaman içinde karşılıklı sevgiye bırakmış yerini. Eşi ve iki evladıyla mutlu mutlu yaşamaya çalışırken, zaman içinde eskisi gibi anlayışlı ve sakin bir insan olamadığını fark etmiş. Çocuklara bağır, eşini kır, nereye kadar diye düşünerek yardım almaya karar vermiş.

Anlatılan öyküye bakıldığında, çözümün detaylarda gizli olduğunu hissetmek mümkün. Aile apartmanında oturuluyor olunması, aynı apartmanda birkaç eltinin bir arada bulunması, evleriyle ilgili en ufak kararlarda bile kayınpederin ve kayınvalidenin onayının alınması gerektiği gibi önemsiz sanılan teferruatlarla dolu bir hayatı vardı Aynur Hanım'ın.

8 yaşındaki kızını fazlasıyla hırpalamaktan yakınıyordu. Eşine bağırmaktan rahatsızdı. Ancak anlatılanlara bakılırsa, kimse onu anlamıyor, anlama çabası geliştirmiyordu.

Bir gün eşiyle incir çekirdeğini doldurmayacak bir nedenle bağrışmaya başladıkları tartışma, ciddi bir öfke patlaması ve sinir kriziyle son bulmuştu. Sinir krizinin ardından hastaneye kaldırılmalar, iğneler, sakinleştiriciler...

Ertesi gün itibarıyla eşi artık Aynur Hanım'ı duyuyordu. Eşine karşı daha anlayışlı, daha nazik davranıyordu. İşler yoluna girmeye başlamıştı...

ADIM ADIM DUYARSIZLAŞAN TUNÇ BEY

Tunç Bey, 45 yaşında gayrimenkul işleriyle uğraşan önemli bir işadamıydı. Babasız büyümesinin ve ailesine çocuk yaşlardan itibaren babalık yapmasının etkisiyle işlerinde titizdi. Çalışanlarına karşı dikkatli davranan, onlarla takım ruhu içinde paylaşımlarda bulunan, bir iş yerinin en üst düzey görevlisinden, kapıdaki personeline kadar herkes için eşit şartlar içermesi gerektiğini düşünen, profesyonel bir yöneticiydi.

Gelin görün ki personelden bazı iş arkadaşları onun bu hassasiyetlerine rağmen duyarsız davranıyordu. Tunç Bey defalarca arkadaşlarını uyarmıştı. Toplantılarda, takım çalışmasının önemini anlatıyor, işleyişin zedelenmemesi için herkesin kendi payına düşeni doğru ve zamanında yerine getirmesinin önemini anlatıp duruyordu; ama nafile! Geçmişte daha klasik tarzda yönetilen iş yerlerinde çalışmaya alışmış bazı iş arkadaşları, Tunç Bey'i ve onun yönetim stratejisini bir türlü anlamıyordu. Tunç Bey ise bu insanlara bağırıp çağırarak iş yaptıracak birisi asla değildi.

Ama bir gün... Önemli bir yatırımı, iş arkadaşlarının zaman planlamasındaki düzensizlikleri nedeniyle kaybetti. Nezaketini, yönetim stratejilerini bir anda unutan Tunç Bey, avazı çıktığı kadar bağırıp çağırdı. Bu yönetim şekliyle ve bu insanî davranışlarıyla, personelinin bu kadar rahat olmasını hak etmediğini, haksızlığa uğradığını, bundan sonra işlerin daha farklı yürüyeceğini haykırdı. İçindeki iyi yöneticinin öldüğünü, bundan sonra onların anlayacağı dilden konuşacağını da sözlerine ekledi.

O günden sonra şirkette Tunç Bey'in istekleri kolay kolay reddedilmedi. İşlemler tam ve zamanında yerine getirildi.

ÖFKE NE İŞE YARAR?

(1) *Öfke; etrafınızdaki insanları, 'sizi çok fena zorladıkları konusunda uyarır!'*

Gün içinde birbirimizin duygularına karşı oldukça duyarsız davrandığımız anlarımız vardır. Hepimiz iş güç koşturuyoruz. Üzerimize düşen görevleri yapmaya gayret ediyoruz. Tüm bunlar arasında bir de sınırlarımızı zorlayan kişi ve durumlar ortaya çıkıyor değil mi? "Yapma" dersiniz, yapar. "Gitme" dersiniz, gider. Memleketimizin en doğusundan, en batısına kadar neredeyse her ferdinde görmeye alıştığımız ilginç bir özelliğimizdir aslında bu durum.

İsteklerinizi karşınızdaki kişiye güzel bir dille ifade edersiniz, yerine getirmez. Kızdığınızda, öfkelendiğinizde; hatta öfkeden kıpkırmızı olup, burnunuzdan dumanlar fışkıracakmış gibi bir görüntü sergilediğinizde karşınızdaki kim olursa olsun geri adım atmaya başlar. Söylediklerinizi bir bir yerine getirir. Üstelik üzerinize fazla geldiğini, epeyce bir zorlandığınızı hisseder. Sizi bu hale getirdiği için kendisine kızmaya başlamak yerine, sanki doğru istemeyi nihayet gerçekleştirmişsiniz gibi yansıtma yapar. "Ne bağırıyorsun? Tamam, işte anladık. Yapıyoruz!" der.

Gel de çıldırma!

Evet, çıldırmayalım ama, öfkenin bu anlarda işe yaradığını da iyi bilelim. Bu anlar öfkenizin işe yaradığı hoş anlardan bazılarıdır. Güzel güzel söylediğinizde, rica ettiğinizde yerine gelmeyen herşey, tek tek yerine getirilmeye başlanır. Oysa doğru olan, birbirimizin normal tondaki isteklerinin karşılanmasıdır.

Ülkemizin geleneksel hale gelen iletişim yollarından biridir öfkeyle karşımızdaki kişiye mesaj vermek. Verilen mesaj ortalama aynıdır: "Sınırlarımı zorluyorsun!"

(2) *Karşınızdaki kişiyi 'çok fazla zorladığınızı anlamanızı sağlar!'*

Birçoğumuzun bakar kör olduğunu biliyor musunuz?

Gözünüzün önünde bir şeyler döner, insanların hoşuna gitmeyen davranışlar sergilersiniz, kasıt içermeyen hatalar yapar durursunuz. Size göre herşey normaldir. Oysa karşınızdaki insan burnundan solumaya başlamıştır ve siz onun davranışlarına karşı körlükte inat edersiniz. Eşinizin yüzü asılmıştır, ilgisizliğinizden anlamazsınız. Anneniz odanızı toplamanızı söylemiştir, sürekli ertelersiniz. Arkadaşınızı her seferinde durakta dakikalarca bekletirsiniz, 'Görevi, nasılsa beklesin,' tutumu sergilersiniz. Tüm bunlar olup dururken, muhatabınızın duygularından bihaber yaşar gidersiniz. Odanızın dağınıklığı karşısında annenizin yıpranıp kızmaya başladığını; durakta dakikalarca bekleyen arkadaşınızın, ihmal edilmişlik ve değer vermediğinizi düşünen yanlarını bir türlü göremezsiniz. Yani anlayacağınız yukarıdaki birinci maddenin 'tam karşıtını' da yaşarsınız. Sonunda muhatabınız öfkelenir. Kızar, bağırır, surat asar...

Karşınızdaki insanın öfkesinden hızlı bir ders çıkarır, en kısa yoldan onu yatıştırmanın gerekliliği duygusuna kapılırsınız. Onun üzerine gitmekten vazgeçersiniz anında.

Hayır; kişi öfkelenmese, bu keyifli (!) üzerine gidiş belki dakikalarca sürecek, ama aksi halde olacakları hepimiz ortalama tahmin ediyoruz zaten değil mi? Yumruk inmiş yüzler, kavga sonrası asılmış suratlar, tartışmanın getirdiği rahatsızlıktan dolayı çekilen sıkıntılar, öfkenin ardından gelen vicdan azapları ve daha kimbilir neler neler...

Demek ki öfke, karşımızdaki kişileri çok fazla zorladığınızı anlamanızı sağlar. Eğer onlar öfkelenip olay çıkarmasalar, sinirlenip size ters davranmasalar, siz onları anlamaktan uzak tavrınızı sürdürmeye devam edeceksiniz.

(3) *Öfke 'itici bir güçtür!'*

Öfke 'itici bir güçtür' aynı zamanda. Yaptıramadığınız, yerine getirilmesi konusunda sıkıntılar çektiğiniz pek çok mevzuyu, öfkenizle hızlandırabilirsiniz. Çocuğunuza odasını toplamasını söylüyorsunuz, yapmıyor. Öfkeyle bağırdığınızda, iki dakika içinde ortalık tertemiz, herşey yerli yerinde oluyor. Hal böyle olunca da insanlar öfkeyi, diledikleri işleri yaptıracakları bir mekanizma olarak görüyor ve bunu kolaylıkla kullanıyor.

Günlük konuşma dilinde kullanılan ses tonuyla yerine gelmeyen istekler, öfkenin devreye girmesiyle hız kazanıyor. Elemanlar işi hızlandırıyor, evler daha hızlı toplanıyor, eşten gelmeyen çiçek aynı günün akşamı vazoda yerini alıyor...

Görüldüğü gibi öfke çok işe yarıyor!

(4) *Öfke iyi bir 'motivasyon aracıdır!'*

Birçoğunuzun 'öfke sayesinde motive olduğunu' biliyor muydunuz? Evet, öfke motive edici bir süreçtir de. Herhangi bir duruma olan öfkeniz, o konuda çok daha fazla enerji sarf etmenize ve 'kendinizden yola çıkarak, yapamadıklarınız konusunda hızla yol almanıza' vesile olur.

Kaçımız "Sen nereden bileceksin!" gibi tahrik edici bir sözün arkasından, beceriksizlikle suçlandığımız konunun üzerine inatla gidip başarılı olmamışızdır?

Ciddi müsabakalarda, önemli yarışlarda kullanılır öfkeyle motivasyon oluşturmak. Kişi biraz kızdırılır ve öfkesinden beslenmesi sağlanır. Bilinçli ellerde, doğru ortamlarda kullanıldığında çok işe yarayan bu metot, farkında olmadan hayatınızın birçok noktasında işinize yaramıştır. Emin olun...

Soru Yorum

Soru: Saçma gelebilir, ancak size bir şey sormak istiyorum: "Öfke sadece insanlarda mı vardır? Diğer canlılar da öfkelenir mi? Örneğin hayvanlar, içgüdüsel mi davranır yoksa öfkeyle mi?"

Cevap: Diğer canlılar da öfkelenir mi? Hem de nasıl! Hemen hemen tüm hayvanların öfkelendiği bilinir. Hatta bazı araştırmacılar bitkilerin bile öfkelendiğini düşünüyor. Yemeğini elinden aldığınız bir kedi sizi tırmalar veya korkutmaya çalıştığınız bir köpek, yaptığınız davranışları kendisine tehdit olarak algılayarak, size havlar. Hayvanlarla ilgili belgeseller izliyorsanız, aileden olmayan yavruları fırlatan filleri, dişisine göz diken rakip erkeğe saldıran aslanları görmüşsünüzdür.

Öfke her insan canlısı için normal bir duygudur. Tehdit algıladıklarında, kendilerini koruma güdüsüyle karşı tarafa saldırırlar. Aklınıza gelecek her türlü canlının, kendi iç dünyasında bir öfke potansiyeli olduğunu bilmelisiniz.

Soru: Öfkeli bir insanım. Bundan tamamen kurtulmak için ne yapabilirim?

Cevap: Sebebi ne olursa olsun hiç kimse öfkeden tamamen

arınamaz. Çünkü öfke son derece insanî bir durumdur. Hatta öfke bir miktar 'haz'dır. Kişinin kendisini korumak için duyduğu kuvvetli arzudan kaynaklanır.

Öfkeli insanlar, kişisel değerlerini, değer yargılarını, kararlarını korumak isterler. Koruyamayacaklarını düşündüklerinde, başka bir yol da bilmiyorlarsa refleks olarak öfkeye kapılırlar. Demek ki sebebi ne olursa olsun, hiç kimse öfkeden tamamen arınamaz. Ama öfkesiyle ne yapacağını bilir. Öfkeyi işleyebilir. Böylece öfkesini saldırgan boyutlara taşımadan, uyumlu bir davranış gösterebilir.

Soru: *21 yaşında bir kızım. Evde ailemle bir sorun yaşadığımda hemen sinirleniyorum. Aslında istemiyorum, ama elimde değil. Daha önce doktora da gittim "Bir şeyin yok" dediler. Kimyasal yapımda bir sorun olabilir mi?*

Cevap: Eğer psikopatolojik bir sorununuz yoksa sinirli davranmak öğrenilmiş bir süreçtir. Kaldı ki ciddi bir psikolojik sorununuz olsaydı, doktorunuz mutlaka söylerdi veya kimyasal yapınızı düzenleyici ilaç verirdi. Aslına bakarsanız bazı hormonların duygusal durumumuzla ilişkili olduğunu biliyoruz. Ama öfkeyi sadece fizyolojik tepkilerimiz değil, kendi bakış açımız ve bilinçdışımızda olayları yorumlama biçimimiz de oluşturur.

Yaşadığınız olaylara verdiğiniz duygusal tepkileriniz ve anlama biçiminiz sizi öfkeli yapabilir. Aynı olayı yaşayan evden başka bir kardeşiniz sizin verdiğiniz tepkiyi vermiyorsa, örneğin daha ılımlı bir tavır alıyorsa, siz öfkeli davranmayı huy haline getirmişsiniz demektir. Öfkenizi kontrol etmeyi öğrenerek bu durumdan uzaklaşabilirsiniz.

Günümüzde birçok kişiyle yaptığımız bireysel ve grup 'öfke kontrol çalışmaları'nda görüyoruz ki, öfkeyle baş etme becerisi kazandırdığımız kişiler, geri kalan hayatlarına daha sakin ve rahat devam ediyorlar.

Soru: *Eşim çok sinirli. Her tartışmamızdan sonra ağlıyorum. Gelip benden özür diliyor. Her insanın sinirlenebileceğini, benim abarttığımı söylüyor. Söyler misiniz Allah rızası için, duvara yumruk atmak normal mi? Cidden ben mi abartıyorum?*

Cevap: Böylesi durumlara her zaman üzülmüşümdür. Genellikle dil iletişiminin bittiği yerde, kişi diliyle ve sözleriyle karşısındakini ikna edemediğinde veya kendisini karşı tarafa ifade edemediğinde, davranışsal olarak şiddete meyleder.

Bu şekilde davranmak tabii ki normal değil ve siz abartmıyorsunuz. Eşiniz büyük ihtimalle bu şekilde yaşamanın normalliği içinde büyüdü ve kendi davranışlarına alışık olduğu için sizin kaygılı halinizi anlamakta zorlanıyor. Oysa hepimiz bilmeliyiz ki, birisi öfkeli davranışları artırdığında, diğerleri de öfkelenmeye başlayabilir. O duvara duvara öfkeleniyor, siz içinize içinize. Onun öfkesi davranışsal olarak dışarıya yansıyor, sizin öfkeniz ona. Sonuçta kısır döngü şekline giriyor ilişki.

Üzerine gitmeyin ve hemen olayın arkasından yaptığının yanlış olduğunu söylemeyin. Eşinizle sakin bir zamanda konuşmaya çalışın. Suçlayıcı olmadan, kaygınızdan bahsederek. Normal olmadığını bildiğiniz bir durumu, ikna edeceğim çabası içinde gündeme getirmeyin. Çünkü bazen bu tip ikna çalışmaları karşı tarafı daha da çileden çıkarabiliyor. Tartışmayı kimin başlattığı önemli değildir, ama kimin bitirdiği çok önemlidir.

Soru: *Kızım 17 yaşında. Evimizde küçük çaplı bir yangın çıktı. O günden beri öfkeli davranıyor. 15 gün oldu. Ne önerirsiniz?*

Cevap: Beklenmeyen olaylar, afetler insanın varoluşunu tehdit eder. Her insanın sağduyusu vardır. Sağduyumuz, öfke duygumuzu nereye kadar götüreceğimiz konusunda önümüze sınırlar koyar. Bir anlamda bizi dengede tutar. Ancak afetler, sevilen bir kişinin ölümü, yangın, deprem gibi olaylar kişide panik duygusu ve şok yapabilir. Duygu dünyasında herşeyi karmakarışık hale getirebilir. Yaşanan şokla başa çıkılamamışsa, kişi kendisini sakinleştirici bir yöntem geliştirememişse, bilinçdışındaki karmaşa, davranışlarda öfkeye neden olmuş olabilir.

Onunla havadan sudan konuşun. Kendisini iyi hissetmesine, işlerin evde yolunda gittiğine inanmasını sağlayın. Duygularını sözel olarak ifade etmesine zemin hazırlayın. Böylece daha rahat edecektir. Normal şartlarda çok öfkeli değilse, zamanla kendi doğal haline dönecektir.

İnsanlar öfkeli halleriyle başa çıkmak için bilinçli veya bilinçsiz bazı yollar kullanır. Ya sorununu konuşur, dille ifade eder, ya içine atar, ya da kendisini sakinleştirmeye çalışır. Öfkeyi saldırganlıkla değil de sözel olarak ifade etmek en sağlıklı yoldur. Kızınıza tatlı bir ifadeyle yaklaşın ve size bir şeyleri anlatmasını sağlayın. Hiçbiri işe yaramazsa, bir uzmana götürerek toparlanmasına yardımcı olun.

İnsanlar neden öfkelenir?

"Öfke hiçbir zaman sebepsiz değildir.
Ama iyi bir nedeni olanı nadirdir."
—Benjamin Franklin

İNSANLAR GENEL OLARAK bakıldığında öyle çok şeye öfkelenirler ki; yağmura, çamura, havaya, suya, aklınıza gelecek yahut gelmeyecek her duruma... Oysa hiç kimse öfkeli olmak için doğmamıştır. Mesela bazen ani bir hayal kırıklığı bizi incitebilirken, bazen de yaşadığımız bir olayın bize geçmişi hatırlatması öfkeli olmamıza neden olabilir.

Son yıllarda yapılan birçok çalışma öfkenin, öğrenilmiş bir sosyal davranış olduğunu söylüyor. Öfkeli insanların çoğu; çocukluk yıllarından itibaren, dünyanın kötü ve çoğu zaman acımasız bir yer olduğu ve hiç kimseye tamamen güvenilmeyeceği fikriyle büyütülür. Bu düşünce biçimi otomatik savunmaların gelişmesine, dolayısıyla kişinin kendisini tehdit altında hissederek öfke davranışını sergilemesine neden olmaktadır.

Öfkenin nedenlerini araştıran, öfke ile baş etme yöntemleri geliştirenler, öfke davranışını gösteren kişilerin bilinçdışında benzer düşünce kalıplarının olduğunu görüyor. Genellikle bu kalıplar şöyledir:

"Bana haksızlık yapılıyor!"

Öfkeli insan, birileri tarafından muntazaman haksızlığa uğradığını düşünür. Onu kızdıracak, onu sinirlendirecek bir haksızlık mutlaka yakasına yapışır. Kendisi kimseyi incitmediği, herkesin iyiliğini istediği halde, kötü niyetli insanlar onun sınırlarını zorlar. Bu tür düşüncelere kapılan kişinin öfkeden uzak durabilmesi imkân dışıdır.

Kişinin sürekli aldatıldığını, incitildiğini düşünmesi ve bunlara inanarak yaşaması sonucunda mutlu ve neşeli bir kimse olmasını bekler misiniz?

"Karşımdaki insanlara haklılığımı ispatlamalıyım!"

Öfkeli insan, ne yapıp edip kendisini birilerine açıklamak zorunda hisseder. Haksızlığa uğradığını düşündüğü için, karşı tepki olarak haklılığını anlatmak zorundadır. Muhatabına kendisini yeterince açıklayamıyorsa rahat edemez, huzuru kaçar. İçin için kendisini yer bitirir. Bazen öyle hiddetlenir ki, uykusu kaçar. Öyle ki, gece uykusunda etrafındakilerle konuşup, durumu izah etme çabasına giren danışanlarım var. Bazen kendi kendisine konuşur. Yemek yaparken, yolda yürürken aklı fikri hep yanlış anlaşıldığını izah etme egzersizlerindedir.

"Yapılan incitilmelere dayanacak gücüm kalmadı!"

Kendini sürekli baskı altında hisseden kişi, zaman içinde kendi kendini yenik hissetmeye başlar. İnsanlarla baş edecek gücü kalmadığına odaklanır. Sanki herkes ve herşey onun üzerine geliyormuş gibi hisseder. Kişi, ajitasyon (kendine acıma) duygularına yoğunlaşır. Baskılar altında yalnızlık duygusuna kapılır. Kimsesizlik ve yalnızlık onu iyice agresif yapar.

"Tehdit altındayım. Kendimi savunmalıyım!"

Her an kendini birilerinin tehdidi altında hisseden kişi, daima savunmaya hazırdır. Amerikan filmleri vardır bilirsiniz. Özellikle iyi eğitimli askerleri gizli göreve gönderirler. Askerler orada kimseye güvenmemeye ve hayatta kalmaya programlanmıştır.

Uzun süre gizli görevde kaldıktan sonra evine dönen asker, günlük hayatını yaşıyormuş gibi görünse bile yastık altında mutlaka bir silah bulundurur. Eşi öpmek için yanağına eğilse, düşman askeri kendisini öldürmeye geldi zanneder ve hızlı bir hamleyle eşini yataktan atıp, kafasına silahı dayar. Uyanıp kendisine geldiğinde eşinin masum öpücüğüyle karşılaşır ve ondan özür diler.

Ben öfkeli insanın sürekli tehdit altında hissedişini bu film sahnelerine benzetiyorum. Öyle yaşanır mı sizce? Her an tetikte. Her an savunma halinde. Tabii ki bir süre sonra öfkeli biri olup çıkmak kaçınılmaz hal alır.

"Saygı duyduğum değerlere saldırıyorlar!"

Öfkeli kişi, kendisinin değerlerine de saygı gösterilmediğine inanır. Etrafındaki kimse onun değerlerini önemsemiyordur. Bunu en çok ergen öfkelerinde görüyorum. 15 yaşında genç, gece geç saatlerde eve döndüğünde ailesi duruma itiraz eder. Genç, arkadaşlarıyla dolaştığını, kendisine ait bir hayatı olduğunu, arkadaşlarıyla kurduğu dostluk ilişkisinin erken saatte onlardan ayrılmayı kaldırmayacağını söyler. Babanın ertesi akşamki itirazı yine tekrarlanınca bozulur ve sinirden çılgına döner. Babanın yaptığı sadece oğlunun emniyetli olacağı saatlerde dışarıda olmasını sağlamak, geç saatleri evinde geçirmesini istemektir, o kadar. Ama nerede? Gencin öfkesi tamamen değer odaklıdır. "Benim yaşantıma saygıları yok," "Benim değerlerime saygıları yok" şeklindedir.

Oysa herkes bilmeli ki kimse kimsenin değerlerine bir şey yapamaz. Bilmeden zarar veremeyecekleri gibi, isteyerek bile zarar veremezler. Çünkü değerlerimiz bizim içimizdedir. Biz yaşadığımız müddetçe, değerlerimizi kendimizde saklamaya, onlarla nefes almaya ve onlarla varlığımızı sürdürmeye devam edeceğiz. Bizden başka kimse bizim değerlerimize zarar veremez. Buna benzer şekilde; tuttuğu takıma olumsuz eleştiriler yapan kişiye bile sinirlenir öfkeli insan. Onun tuttuğu takıma laf söylemek, kendi değerlerine saldırıymış gibi algılanır. O seviyorsa takımını, bir bildiği vardır mutlaka ve kimse o konuda kendisine akıl vermemelidir...

"Kaderim niye böyle ezilme üzerine kurulmuş?"

Öfkeyi oluşturan başka bir bakış açısı da 'kader' anlayışında gizli. Öfkeli insan, belirli düşünme biçimlerini kendisine kilitliyor, ardından kendi elleriyle oluşturduğu, hatta yaşantısına yansıtmadan kafasında ürettiği olumsuz durumları, kaderci bir anlayışla ters köşeye yatırıyor. Kimsenin kaderi ezilmişlik, aşağılanmışlık üzerine kurulmamıştır. İnsanoğlu yaratılmış canlıların en şereflisidir ve kendisine layık olanı seçtiği müddetçe sırtı yere gelmeyecektir.

Oysa öfkeli kişi, hayata ve olaylara karşı geliştirdiği yanlış bakış açısının faturasını kadere yükleyerek, ezilmişlik psikolojisi oluşturuyor. Bu ezilmişlikten kurtulamadığı için de ne yapacağını bilemiyor ve çaresizlik duygularının da etkisiyle öfkeleniyor. Çaresizlik ve ne yapacağını bilememek her normal insanda öfke oluşturur zaten. Çünkü tüm öfkeler, karşılaştığımız sorunu nasıl çözeceğimizi bilememekten kaynaklanır.

Kişi sorunu çözmeyi bilmesin, adına kader desin, sonra da sinirlenip hayatı hem kendisine hem de etrafındaki kişilere zehir etsin. Olmaz öyle şey!

"Değerli değil miyim? Niye kimse bana değer vermiyor?"

Öfkeli insan, başkalarının kendisi hakkındaki fikrini gereğinden fazla önemser. "Ben nasılım? Acaba beni beğeniyorlar mı? Benim hakkımda ne düşünüyorlar?" gibi, başkasının gözündeki kendisini çok merak etmenin yanında, herkesin gözünde değersiz olduğunu da düşünmeye başlar. Burada da garip bir çatışmalı durum sözkonusu dikkat ederseniz. Hem herkesin gözündeki değeri merak ediyor, hem de herkesin gözünde değerli olmadığını düşünüyor. Herkesin gözünde değerli olmadığını düşünüyorsan, başkalarının gözündeki değerinin ne olduğunu niye düşünüyorsun ki? Nasılsa değersizmişsin!

Başkalarının gözünde değerli olduğunu düşünüyorsan, başkalarının gözünde ne olduğunu niye düşünüp duruyorsun ki? Nasılsa değerlisin!

Psikolojide bu tip durumlara 'çifte açmaz' diyoruz. Nasrettin Hoca fıkrası gibi anlayacağınız. Kedi buradaysa, et nerede? Et buradaysa, kedi nerede?

Demek ki 'çifte açmaz'larla zihninizi bulandırmanıza hiç gerek yok. İnsanların gözünde nasıl göründüğünüz evet bir dereceye kadar önemlidir ama, önemli olan sizin kendi gözünüzde nasıl göründüğünüz! Siz kendinize gereken değeri verirseniz, emin olun ki herkes size aynı değeri verecektir. Ama siz kendinize değer vermezseniz, başkalarının size vereceği değeri mum ışığıyla arar, durursunuz. Bulamayınca da öfkelenirsiniz!

"Ben de varım, ama kimse farkımda değil!"

Olmak ya da olmamak. İşte bütün mesele bu! İnsanoğlunun temel problemlerinden biridir var olmak; hele öfkeli insanın daha fazla. Öfkeli kişi, öfkelendiği ve duygu frekansında herkesten uzaklaştığı için, insanların kalplerini duyamaz! Dolayısıyla kendisini ifade etse de duyulmayacağını düşünür. O kadar uzaktır ki insanların iyi niyetinden ve onu anlama çabasından; o nasılsa "Beni kimse görmüyor" diye kararını vermiştir.

Oysa herkes, herkesi görüyor. Herkes herkesi işitiyor. Herkes herkesi, kendi yaşantısı, koşuşturması ve kendi dertleri arasında, olabildiğince fazla hissediyor. Buna inanmak lazım. "Ben varsam varımdır. Birilerinin fark etmesi veya fark etmemesi, benim varolduğum gerçeğini değiştirmez" diye düşünebilmek lazım.

Bizi duymayan acaba 'bizi' mi duymuyor; yoksa 'bizi duyacak hali kalmamış' kendi derdine mi yanıyor?

"Beni aşağılıyorlar!"

Psikolojisi bozulmaya başlamış, kaygı bozukluğu geliştirmiş veya patolojik bozukluklara yakalanmış kişilerin temel düşünme yapısı budur: "Beni aşağılıyorlar!"

İnsanlar arası etkileşimde hep bir alçaklık/yükseklik ilişkisi aramaya çalışır ruhsal yönden sorun yaşayan insanlar. Birilerinin kendisini aşağı gördüğünü zanneder, farklı kişiler hakkında da onlardan üstün olduğunu düşünür, durur.

Öfkeli insanda da buna benzer bir ruh hali vardır. Diğer kişilerin kendisini aşağıladığını düşündüğü için çok öfkelidir. Kızgındır. Tepkisel olarak aşağılamaya her an hazırdır. Dolayısıyla en ufak ters davranışınızı, kendisini aşağılamak şeklinde algıladığı için size çok kızgındır. Toleransı yoktur. Kimsenin kimseyi aşağıladığı yok oysa. Kaldı ki aklı başında bir insan, diğer insanlarla arasına böyle bir ilişki yerleştirmez. Herkesle iyi geçinir. Öfkeli insan aşağılandığına inandığı bir masal yazmıştır, o kadar! Hatta sağlıklı kişi, birileri kendisini aşağılasa bile aldırmaz. Bu durumu aşağılayan kişinin cahilliğine verir, güler, geçer. Yoluna devam eder. İnsanların eşitliğine dair inancını asla yitirmez.

"Ben haklıyım!"

Öfkeli insan her zaman haklıdır. Aksini söyleyin de görün gününüzü! Bir insanın hayatının her döneminde ve her olayında muntazaman haklı olması mümkün değildir değil mi? Ama öfkeli insan için, kendisi her zaman haklıdır. Her olayda, her sorunda, yaşadığı her sıkıntıda kendi haklılığı ön plandadır. Kendisini üzecek bir malzeme mutlaka bulur. En haksız olduğu durumda bile, ne yapar eder kendisini haklı gösterecek bir mazeret bulur. Aslına bakarsanız yakasını bırakmayan öfkesi için, haklılık davetiyesi çıkarır.

Bir insan yaşadığı öfke sorunu için kendisini haklı gösterecek mazereti kolaylıkla buluyorsa, öfkesinden arınması mümkün değil ki! Öfkenize mazeret bulmak yerine, konuyla ilgili içinizi ferahlatacak mazeretler bulsanız sinirinizin yatıştığını göreceksiniz zaten.

"Gücümü göstereyim, benden korksunlar. Hep ben korkacak değilim ya!"

Öfkeli insan, diğerlerinin kendisine meydan okuduğunu, gözünü korkutmaya çalıştığını düşünür zihninin gerilerinde. Dolayısıyla karşıt tepki olarak göz korkutmaya yönelik öfke geliştirir. Apartman sakinlerinde vardır öyle kişiler bilirsiniz. Arabasını hep aynı yere park eder. Site sakini yanlışlıkla onun yerine park ettiğinde sinirden çıldırır, huysuzluk yapar, insanların gözünü korkutur. Zannedersiniz ki apartmandaki daireyi alınca, arabası için o yeri de satın aldı! Oysa mahalle herkesin mahallesidir. Kimsenin tekelinde değildir.

Öfkeli insana göre bazı şeyler kendi tekelindedir. O ne derse onun söylediğinin yapılması gerekir. Evdeki düzen de onun isteklerine göre oluşturulmalıdır, sokaktaki araba park düzeni de... Bunu sağlamak için güç gösterisi amacıyla öfkesini kullanır. Öfkesiyle, çevresindeki insanların gözünü korkutmaya çalışır. Peki, niçin böyle yapar?

Çünkü kendisi iç dünyasında, derinlerde bir yerlerde korkaktır. Gerçek cesaret, bağırıp çağırmadan, kelimelerinizin ve aklınızın gücüyle başka insanlara yön verebilme yeteneğidir. Kalbiyle ve düzgün davranışlarıyla yön vermeyi bilmeyen korkak psikolojili insanlar, kendi geri çekilmişliklerinin üzerini örtercesine bağırıp çağırırlar. Bağırıp çağırırlar ki, birileri onları cesur sansın. Özgüven sorunu yaşayan çocukların sürekli saldırgan davranışlar sergilemeleri gibi...

"Karşımdakini sindirirsem, bana bir şey yapamaz."

Öfkeli insanın başka bir düşünce şekli de, "Karşımdakini sindirirsem bana zarar vermez!"dir. Yine zarar görme endişesi, hep zarar görme endişesi!.. Farkında mısınız ne kadar çok zarar görme takıntısı var öfkeli insanın.

İstekleri yerine gelmediğinde, üzerine üzerine gelindiğinde, hayatta umduklarını bulamadığında hep birileri tarafından engellenmiş olduğu sonucuna ulaşır. Dolayısıyla testiyi kırmadan önce tokadı atma misali, karşısındaki insanları öfkesiyle sindirmeye çalışır.

Aşırı alkol alarak eve gelen kocanın ilk yaptığı şey nedir? Bağırıp çağırarak, nara atarak, kapıyı tekmeleyerek eve girmek değil mi? Niçin böyle davranır? Çok kolay bir cevap; eşi kendisine gönül koymasın, eve sarhoş gelmesinden dolayı surat asmasın diye, öfkesiyle kadıncağızın savunmalarını çökertmek. Hem suçlu, hem güçlü davranışı!

Oysa birileri size surat asıyorsa, asılan suratın size yüklediği anlamı okumaya çalışmalısınız. Haklı bir nedene dayalıysa kendinizi düzeltir, surat asan kişinin davranışlarınızı düzeltmenize yardımcı olduğunu düşünerek ona teşekkür bile edersiniz. Ama eklersiniz; "Canım, rahatsız olduğun durumu anlıyorum. Düzelteceğim. Ama sen de söylemek istediklerini yüzünün asık kaslarını kullanarak değil de, dilinin tatlı melodisini kullanarak hatırlatırsan çok sevinirim..."

"Ah ah! Evlerde nerede böyle diyaloglar Mehtap Hanım?" dediğinizi duyar gibi oluyorum! Böyle yaşayan çiftler var; merak etmeyin. Asılan surat haklı bir nedene dayanmıyorsa, surat asan kişiyle aranızdaki yanlış anlamayı, yine tatlı dile dayalı olarak düzeltirsiniz. Zor mu? Bence değil!

"Buraların kabadayısı benim. Buralarda benim sözüm geçer."

Öfkeli insan, öfkeli tavırlarıyla, muhataplarından daha baskın olduğunu göstermeye çalışır. Bir anlamda kabadayı davranışlarıyla, ilişkilerde söz almaya çalışır. Günlük yaşamın çeşitli aşamaları, pek çok iletişim koridorları vardır bilirsiniz. Oraya gidersiniz sessizsiniz, buraya gelirsiniz sessizsiniz... Derken sesiniz öfke tonundan çıkmaya başlar. Bakarsınız ki bu ton işe yarıyor ve öfkeniz sizin dinlenilen kişi olmanıza yardımcı oluyor. Saygı görüyorsunuz, karşınızdakiler daha bir eğiliyor önünüzde. Öfkeli insan, bağırıp çağırarak edindiği ayrıcalığı, gerçek bir saygıyla karıştırmaya çok alışıktır. Sevginin ve saygının yürek çabasından, dengeli davranışlardan geçtiğini görememektedir. Ne kadar öfkeliyse, o kadar takdir gördüğünü; ne kadar burnundan soluyorsa, o kadar incitilemeyeceğine inandırmıştır kendisini.

Halbuki sağlıklı kişi, yüzeysel ilişkiler uğruna, kendi derinlerinden ve içindeki sevimlilikten bir şeyler kaybetmemeyi öğretmiştir kendisine. Herkes gibi davranmaya başlarsa, herkesten farkı kalmayacağını çoktan çözmüştür. Muhatap olduğu kırk çeşit insanı taklitleyerek kendisini kaybetmektense, kendisine tatlı bir davranış modeli geliştirip, ilişkilerini kendi bildiği yoldan sürdürmeyi hedeflemiştir. Üstelik şartlar ne olursa olsun! Kim ne yaparsa yapsın!

"Üzerime gelmeyin!"

Öfkeli insan, çocukluğundan beri çok ciddi duygusal eziyetlere maruz kalmıştır. Annesi ve babası, özenerek büyütmeye çalıştığı evladına çeşitli travmalar yaşatmıştır. Oyunlarda dışlanmıştır belki. Kardeşleri arasında ezildiğini bile hissetmiştir çoğu zaman. Büyümeye başladığında, arkadaşlarının üzerine geldiğini, evlenince geniş ailenin onu anlamadığını, iş hayatında ayak oyunlarına kurban gittiğini düşünmeye başlamıştır.

Öyle sıkılır, öyle yaralanır ki; bir gün öfkesi ortaya çıkar. Yıllardır içine attığı, biriktirdiği ne varsa ortaya dökülür. Artık öfkeli tavırlarıyla tanınır olmuştur. Öfkesinin söylediği çok net bir cümle vardır aslında: "Üzerime gelmeyin!"

Kişi, normal yollardan, sağlıklı süreçlerden haberdar değilse, olacağı bu elbet! El yordamıyla bulduğu davranış buysa, birileri ona akla uygun ve insana yakışır yollardan hak aramayı göstermemişse ne yapsın? Yakın çevresinde görmeye alışık olduğu yöntemi, yani öfkeyi taklitlemeye başlamıştır. Derken öfkesinin kendisini korumaya başladığını keşfetmiştir.

İNSANLAR HANGİ ZAMANLARDA ÖFKELENİR?

Yukarıdaki maddeleri incelediğinizde genelde hangi durumlarda öfke halinin yaşandığını fark edeceksiniz. Bu da demek oluyor ki, bu duyguları ortaya çıkaran bazı şeyler var. Ve insanlar o zamanlarda daha fazla öfkeli oluyor. Bunları ise şöyle sıralayabiliriz:

- Bize karşı saldırıya geçildiğini düşündüğümüz zaman,
- Kışkırtıldığımız zaman,
- Değer görmediğimizi düşündüğümüz zaman,
- Tehdit altında olduğumuzu hissettiğimiz zaman,
- Hayal kırıklığına uğradığımız zaman,
- Stres altında olduğumuz zaman,
- Haksızlığa uğradığımızı düşündüğümüz zaman,
- Kendimizi ifade edemediğimiz zaman,
- Yorgun, savunmasız olduğumuz zaman,
- Fazla uykusuz kaldığımız zaman,
- Üst üste olumsuz, can sıkıcı olaylar yaşadığımız zaman,
- İnsanlar bizi anlamadığı zaman,
- Engellenme duygusunu fazlaca yaşadığımız zaman,
- Beklentilerimize karşılık bulamadığımız zaman,
- Alaya alındığımızı düşündüğümüz zaman...

Esasında öfkenin nedenleri saymakla bitmez. İnsanoğlu yeter ki öfkelenmeye görsün! Bu saydığımız düşünce kalıplarına örnek teşkil edecek öfke nedenlerini sizlerle paylaşalım. Kitap hazırlık aşamasında okuyucularımıza da sordum "Sizi en çok ne öfkelendiriyor?" diye.

Yüzlerce elektronik posta ve mesaj geldi bu soruma karşılık. Bu cevaplardan bazılarını sizin için aşağıya sıraladım. Bakın bakalım yukarıdaki maddelerle aralarında bir bağlantı kurabilecek misiniz? Buyurun birlikte bir göz atalım:

"Bekletilmeye hiç tahammülüm yok. Herhangi bir şeyi beklemek bana azap gibi geliyor. Hele otobüs beklemek."

"Fırında kek varken elektrik kesilmesine kızıyorum!"

"Eşimin tartışma anlarında, onu annemlere ezdirdiğimi söyleyip durmasına sinir oluyorum!"

"Arkadaşlarımın 'Şekerim sen kilo mu aldın?' diye sormalarından nefret ediyorum!"

"Yalan söylediği açık olan birinin, ısrarla yalanı sürdürmesine sinir oluyorum!"

"Bazen çok hızlı konuşuyorum ve bunu engelleyemiyorum. Buna çok öfkeleniyorum!"

"Üstüne vazife olmayan işlere karışanlara, yaptığı iyiliği başa kakanlara..."

"Eşimin, çocukların beğenmediği her huyunu bana benzetmesine çok öfkeleniyorum!"

"Başkalarıyla kıyaslandığımda çok kızıyorum. Ben, benim!"

"Eşimin habersiz eve misafir getirmesine çok kızıyorum!"

"Eşimin tatil günlerinde 'Gezelim' diye tutturmasına çok sinirleniyorum!"

"Her sokağa çıkışımızda, alışverişe para harcanmasına öfkeleniyorum!"

"En sevdiğim dizinin ortasında arkadaşlarımın dertleşmek için aramasına öfkeleniyorum!"

"Velilerin, sürekli sınıfa girip, öğretmen işi yapma çabasına kızıyorum!"

"Hastanelerde kuyruk bekleyip, doktorla 3 dakika görüştüğümde deli oluyorum!"

"Sürekli zam yapılmasına çok sinirleniyorum!"

"Kayınvalidemlere gittiğimde herkes bir odaya çekiliyor. Kendimi ortada kalmış hissediyorum. O zaman çok öfkeleniyorum!"

"Akşam eve geldiğimde eşim yerinden bile kalkmıyor. O kadar insanın kahrını çekip para kazanıyoruz, hanımımız zahmet edip yerinden kalkmıyor. Çok sinirleniyorum. Söylesem de ne fayda!"

"Kendi yaptıklarını unutup hiç yapmamış gibi başkasının yaptıklarına kızanlara kızıyorum!"

"Eşim bana bağırınca, çok kötü oluyorum. Ben de sinirlenip

kriz geçiriyorum. Bu sefer o endişeleniyor, özür diliyor."

"Dinî inançlarımla alay eden okuldaki arkadaşlara çok sinirleniyorum!"

"Kendi hiçbir şey yapmıyorken, işini başkasına yaptırana..."

"Okuldan gelince evde annem sevmediğim yemeği yapınca öfkeleniyorum!"

"Telefonumun şarjı olmadık bir yerde bittiği zaman gıcık oluyorum!"

"Ben de dedikodu malzemesi arayan insanlara sinirleniyorum!"

"İki çocuk annesiyim. Onlara yetemeyeceğimde kendime öfkeleniyorum!"

"Saygısız, bencil, kendi rahatını düşünen, beş para etmez insanlara sinir oluyorum!"

"Ben herşeye ve kendime öfkeliyim. Nedenini bilmiyorum!"

"Trafikte, daha kırmızı sönmeden arkadaki taksicinin kornaya basmasına kızıyorum!"

"Muhabbet ederken konuyu tartışmaya götüren, tartışmada haksız çıkınca sesini yükselten ve bana yalancı muamelesi yapanlara... Yalandan asla hoşlanmam!"

"Maç izlerken gol anında eşimin sallana sallana TV'nin önünden geçmesine sinir oluyorum!"

"Kendi kusurunu görmeyip saklayan; ama benim kusurumu detayıyla araştıran insanlardan nefret ediyorum. Öfke nöbeti geçiriyorum!"

"Kızımın arkadaşlarında kalmak için izin isteyip durmasına sinir oluyorum!"

"Bana ve çocuklarıma haksızlık yapılmasına çok öfkelenirim!"

"Yemek yaparken eşimin sürekli çok biliyormuş gibi herşeye karışmasına öfkeleniyorum!"

"Genetik olarak babamın huylarının aynen bana geçmiş olmasından ve bunu aşamadığımdan dolayı çok sinirleniyorum!"

"Eşimin her dışarı çıkışımızda giysilerime müdahale etmesine çok sinirleniyorum!"

"Eşime çok öfkeleniyorum. Her fırsatta bana laf sokuşturmasına, ne yaparsam yapayım yaptığım hiçbir şeyi görmemesine, iş yaptıktan sonra yorulup oturduğumda 'Ne yaptın ki' demesine, telefon elimde olmadığı halde 'Şu telefonu bırak elinden' demesine çok öfkeleniyorum!"

"Çok gereksiz ve yersiz konuşulmasına sinirlenirim!"

"Baskıcı insanlara öfkelenirim!"

"Saygısızlığa, ikiyüzlülüğe, illa benim dediğim doğru diyen yapıya, bencilliğe, dini kullananlara, yüksek sesle konuşanlara, sohbet ederken karşısındakine fırsat vermeyenlere, hatta karşısındakinin evine, ailesine müdahale edenlere; bir de dinimizle ilgili kuralların yanımda eleştirilmesine sinir oluyorum!"

"Yaptığım işleri beğenmeyen patronuma çok öfkeleniyorum. Aynı dosyayı defalarca gözden geçirtiyor. İşten atılma korkum olmasa bir güzel bağırırım ama!.."

"Karşımızdakine mütevazı davranmaya çalışırken, onların bunu gerçek sanıp beni küçümsemelerine çok kızıyorum!"

"Biri bana hoşuma gitmeyen bir şey söylerse, çok öfkelenirim!"

"Konuşurken yüzüme bakmayanlara ve sözümü kesenlere çok öfkeleniyorum!"

"Duruma göre, ruh halime göre değişiyor öfkelendiğim konular. Ama bugünlerde en çok arayıp sorduğum halde, arayıp sormayan birinci ve ikinci dereceden akrabalarıma; sabahın erken vakti mi, gecenin yarısı mı aldırmadan komşusunu rahatsız eden komşulara çok öfkeleniyorum!"

"Çocukların büyük insan gibi ağır ve hareketsiz durmasını isteyenlere sinirleniyorum!"

...

Çok ilginç değil mi? Emin olun mesajların birçoğu aynı. Seçilmiş durumlar değil, tam tersine elimin altına ilk gelen cevapları sıraladım. Görülen bu örnekleri çoğaltmak mümkün. Ama ne kadar çoğaltırsak çoğaltalım, öfke nedenleri belli başlı birkaç ana maddeye indirgenebilir.

Yıllardır öfkenin nedenleri nedir acaba diye düşünürüm, fakat işin içinden çıkmak göründüğü kadar kolay değil. Çünkü o kadar çok neden var ki. Yeryüzünde 7 milyar insan varsa, her birisi için öfkelenmenin nedeni farklıdır herhalde. Yani, Ahmet'i sinirlendiren Mehmet'i sinirlendirmiyor; Merve'yi sinirlendiren Pınar'a saçma geliyor. İnsanların sayısı artıyor, bir de bakıyorsunuz ki öfkenin nedenleri de insan sayısı kadar artmış. Hatta basit bir matematik hesabıyla kafanızı karıştırabilirim. Her bir insanın kendisine göre öfkelenmek için, 3 nedeni olsa, tüm dünyada 3x7=21 milyar neden saymamız gerekir öfke adına...

Saymaya cesareti olan var mı?

Benim yok!

Ama başka bir şey yapacağım, sizin için işler kolaylaşsın diye. Öfkenin nedeni ne kadar çok olursa olsun, her öfke belirli bir 'özellik' taşır. Yani öfkenin nedenlerini sayamasak da, öfkenin ortak özelliklerini sıralayabiliriz.

Öfkenin 5 temel özelliği

"Yenilmesi gereken ilk düşmanlar,
öfke ile umutsuzluktur."
—Alain

YUKARIDA ÖFKENİN NEDENLERİNİ uzun uzun anlattık. Dikkat ettiyseniz, öfkenin nedenleri saymakla bitmiyor, ama öfke hakkında yapılan çalışmalar, öfkenin bazı temel özellikleri olduğunu söylüyor bize.

Yıllardır kişilere ve kurumlarda çalışan yüzlerce çalışana, öfke hakkında kontrol odaklı çalışmalar yapan biri olarak, öfkenin bazı temel özellikler içerdiğini söyleyebilirim. Dilerseniz öfkenin dünyadaki tüm insanlar için hiç ama hiç değişmeyen 5 temel özelliğini sayayım:

(1) *Hiçbir öfke, öfkenin yaşandığı 'an'ı temsil etmez!*

Seanslarda danışanlarımın öfkeli oldukları anlarla ilgili yaşadıkları olayları anlatırken neden öfkelendiklerine dair sıraladıkları şeyler, aslında o anı temsil etmiyor. Kimi iş yerinde yaşadığı olayı, kimi dün gece sofrada otururken şahit olduklarını paylaşıyor. Kimi zaman büyük sorunların getirdiği öfkeler yaşıyorlar, kimi zaman incir çekirdeğini doldurmayacak minik olaylar nedeniyle öfkeleniyorlar. Ama bakıldığında öfke sebebi ne olursa olsun, hiçbir öfke sadece anlatıldığı o anı temsil etmiyor!

Evet, yanlış okumadınız! Yeryüzünde hiçbir öfke yoktur ki, sadece öfke anını temsil etsin. Her öfkenin mutlak bağlantılı olduğu başka bir olay vardır. Örneğin odasını toplamadığı için çocuklarına sinirlenen bir anne, sadece kızdığı zaman dilimiyle sınırlı öfke yaşamaz. Günlerdir, hatta aylardır biriken öfkesiyle patlama yaşar, bağırır. Anadolu tabiriyle "Bardağı taşıran son damla" kızının odasını toplamamasıdır.

Öfkenin en temel ortak özelliği budur aslında. Her öfkenin bağlantılı olduğu başka olaylar zinciri mutlaka vardır.

FİLİZ VE GÖKHAN MUTLU OLMAK İSTİYOR

Filiz, 28 yaşında genç bir bayan. Özel bir şirkette muhasebe servisinde çalışıyor. Küçük yaşta babasını kaybettiği ve erkek kardeşi olmadığı için, annesi ve iki kızkardeşinin geçimini uzun yıllardır o temin ediyor. Üç yıldır görüştüğü Gökhan'la yedi aydır nişanlı. Zaman zaman git-geller yaşayan ilişkilerinin evliliğe ulaşması için çabalıyorlar.

Gökhan 33 yaşında. Genel anlamda iyi bir genç. Evin tek oğlu olması ve anne-babasının üzerine fazlaca düşmesi nedeniyle hayata biraz geç adım atmış. Sorumluluk sahibi görüntüsünün altında, fazla sorumluluktan hoşlanmayan bir yan taşıyor. Zorluklarla baş etme kapasitesi düşük. Filiz'le bir arkadaşının doğum gününde tanışıyorlar. Tuttuğunu koparan, kararlı görüntü sergileyen bu kadını, daha ilk görüşte seviyor.

Gökhan özel bir şirkette çalışıyor. İşinden pek memnun değil. Daha iyisini bulduğunda veya millî piyango ona denk geldiğinde ilk yapacağı iş, çalışma ortamını değiştirmek olacak.

Filiz, birkaç gün önce nişanlısı Gökhan'la yaşadığı şiddetli tartışmanın ardından çift terapisi desteği almaya karar veriyor. Gökhan'ın bu karara tepkisi ilginç:

"Bence bizim ilişkimizin yardıma ihtiyacı yok! Senin yardıma ihtiyacın var! Aşırı sinirlisin! Git sinirini mi yatıştırıyorsun, ilaç mı alıyorsun ne yaparsan yap. Senin bu fevri tavırlarına dayanamıyorum artık!.."

Filiz, şaşkınlıkla yaşadığı üzüntü arasında bizden yardım istedi. Davranışlarını düzeltmek istediğini, öfkesinden kurtulmak istediğini söyledi. Filiz'e, yardım almaya karar verdiği gün, nişanlısıyla arasında geçen olayın ne olduğunu sordum. Ondan gelen cevap ortalama hepinizin yaşadığı sıradan bir olaydı.

Anlattığına göre sabah işe gitmek için hazırlanıyor. Evden çıkıyor. Hızlı adımlarla durağa geliyor. Nişanlısı her sabah olduğu gibi onu duraktan alacak diye bekliyor. Nişanlısını bekleyen kız, 20 dakikalık gecikme neticesinde kıyameti koparıyor. Aralarında ciddi bir tartışma yaşanıyor. İlişkilerinin bu şekilde yürüyemeyeceğini konuşmaya başlıyorlar. Neredeyse kopma noktasına geliyorlar.

Hadi şimdi olayı inceleyelim. Detaylarına gidelim:

Filiz Hanım'la genel olarak hayatı hakkında sohbet ettiğimde, probleminin ötesinde biraz daha yakından tanıma imkânı bulmuş oldum. Anlatılanların detaylarını da işin içine karıştırırsak, hep birlikte bu öfke patlamasını hazırlayan olayları zihnimizde tasarlayabiliriz:

Olayı sadece 20 dakikalık gecikme olarak düşünebilirsek, öyle ya da böyle tolere edebiliriz. Ancak bu delikanlı nişanlı oldukları 7 ay boyunca muntazaman geç kalıyorsa,

Filiz Hanım, sürekli tekrarlayan bu durumdan dolayı buluşma saatini 20 dakika ileriye atmayı teklif ettiği halde, nişanlısı kızarak olumsuz tepki koyduysa,

Genç bayan sabah duş almak için banyoya girdiğinde, suların kesik olduğunu gördüyse,

Kahvaltı öncesi annesiyle döküntüler ve evin dağınıklığı nedeniyle tartıştıysa,

Dünden kalan işleri mesai öncesi bitirmek istiyorsa,

Durağa doğru hızla yürürken bileğini burktuysa ve o koşuşturmanın ardından 20 dakika da nişanlısını beklemek zorunda kalmışsa,

Bir de üstüne soğukta üşümüşse,

İş yerinde yoğun çalışma ve yetersiz eleman politikasından dolayı gereğinden fazla çalıştırılıyor, fazlasıyla yoruluyorsa,

Nişanlısının ailesiyle kendisi arasında evlilik öncesi soğuk savaşlar başlamışsa...

Sizce bu öfke, sadece 'o an'la ilgili bir öfke midir? Elbette değil! Demek ki her öfkenin altında 'başka bir tetikleyici' yatmaktadır. O nedenle öfkeyi kontrol etmek istediğimizde, bu madde hatırlanmalıdır.

Hayatımızın kenarında köşesinde bizi tedirgin eden ve tahammül sınırlarımızı zorlayan başka olaylar vardır. Olaylara karşı esneme payımızı yitirdiğimiz için bağırıp çağırıyoruzdur. Geçen gün bir arkadaşım kendisi için güzel bir örnek verdi. Hemen paylaşayım:

Birkaç yıl önce kırmızı ışıkta araç içinde beklerken, yan yoldan gelen bir kamyon, şoför mahallinden çarparak, arabasını metrelerce sürüklüyor. Etraftaki insanların çığlıkları arasında, neredeyse perte çıkmış olan arabasının içinden çıkıyor. Yürümekte zorlanıyor. Yaşadıklarının hayal mi, gerçek mi olduğunu anlamaya çalışıyor. O sırada yanına kamyonun sürücüsü geliyor. Arkadaşım, "Siz iyi misiniz? Direksiyonda kalp krizi falan geçirip kontrolü kaybettiğinizi sandım. Bir şeyiniz yok değil mi?" diye soruyor.

Etraftaki şaşkın bakışlar arasında adam cevap veriyor:

"Ben iyiyim beyefendi. Asıl siz nasılsınız?"

Uzatmıyorlar durumu. Trafik geliyor. Tutanak tutuluyor. Herkes evine...

Aynı arkadaşım son yıllarda bazı sorunlar yaşıyor; hem özel hayatında, hem de iş hayatında. Yakın çevresindeki bizlerin de fark ettiği gibi biraz gergin ve tepkileri daha sert. Geçen gün yolda, hatalı sollama yapan bir sürücünün üzerine arabasını sürüp yolunu kesiyor. Kişinin konuşmasına bile fırsat vermeden, yakasından tutuyor, yumruğu geçiriyor ve ekliyor:

"Adam gibi kullan. Bu yollar senin babanın malı değil!"

Herkesin şaşkın bakışları arasında arabasına binip, hızla oradan uzaklaşıyor.

Olayı bana anlattıktan sonraki sözleri ise şöyle oldu:

"Mehtap, ne oluyor bana böyle? 4-5 yıl önce ölümlü kazada, adam resmen üzerime çıkıp beni öldürecekken, onun iyi olup olmadığını soracak kadar rahattım. Bugün hatalı sollama yapan insanlara yumruk atar oldum. Yardım et bana ne olur!"

Meseleye 'atılan yumruk' diye bakarsak, ona zaten yardımcı olamam. Ama yumruk attıracak kadar öfkeli hale getiren olayların neler olduğunu tek tek incelersem ve atlatamadığı durumlar için onu güçlendirip, sosyal yaşam becerilerini artırırsam ve hareket alanını genişletmesine yardım edersem; tabii ki eskisi gibi öfkeden uzak iyi bir yapıya kavuşmasını sağlayabilirdim. Bilmem anlatabildim mi?

Mesele yumruk değil! Mesele o yumruğu attıran arka plandaki diğer olaylar. Ve hiçbir öfke sadece patladığı 'an'ı temsil etmez ilkesi.

(2) *Alınganlık, olayları kişiselleştirmek*

Sebebi ne olursa olsun, öfkelenen insanların en tipik ortak özellikleri, alıngan olmalarıdır. Kırılgan, hassas, duygusal insanlar aynı zamanda çok alıngan kişilik özelliğine sahiptir. Ortamda gelişen olaylar, yaşanan sorunlarda hep kendilerine alınacakları, kişiselleştirecekleri, üzerlerine alıp kendilerini önce üzüp, sonra kızdıracakları bir şey mutlaka bulurlar.

Evden çıkarken, çocuğuna montunu giymesini söyleyen anne, kızı montu giymeyince hemen sinirlenir. Aklına gelen ilk duygu "Bu çocuk beni dinlemiyor" veya "Beni adam yerine koymuyor" şeklindedir. Oysa çocuğun 5 yaşında olduğunu düşünmeli, bu yaş çocuklarının özerklik ihtiyacı nedeniyle kendi isteklerini gerçekleştirmeye daha meraklı oldukları hatırlanmalıdır.

Yukarıda değindiğimiz Filiz ve nişanlısı Gökhan'ı hatırlayın. Filiz Hanım niye öfkelenmişti?

Nişanlısı Gökhan, onu almaya 20 dakika geç geldiği için.

Peki, alınganlık penceresinden onun yerine düşünce üretmenizi istesem nasıl cümleler geçer aklınızdan? Hadi birlikte fikir jimnastiği yapalım ve hepimiz Filiz'mişiz gibi alıngan cümleler üretelim. Kendimizi sinirlendirelim:

"Yok, yok... Gökhan resmen benim inadıma geç geliyor!"

"Hay Allah! Havaya bak. Üzerime de kalın giyinmemişim. Hava da beni buldu soğumak için..."

"Beni bekletmekten keyif alıyor. Bağırıyorum ya, beni sinir etmeye bayılıyor!"

"Ne zaman acele etsem, inadıma yağmur yağıyor..."

"Annem de deli mi ne! Kafayı takmış evin döküntüsüne. Herkes benimle uğraşıyor zaten!"

"Beni sevseydi burada bu şekilde beklememe gönlü razı olmazdı."

İşte bu gibi ifadelerin hissettirdiği duygularla kişiler kendilerini kışkırtırlar. Hatta gökyüzünden meteor düşse, kendi üzerine alınıp, kendisine inat olsun diye düştüğünü düşünen insanlar vardır. Oysa bilinmelidir ki başa gelen sorunların çoğu, başka insanların da başına gelir.

Trafik herkes için tıkanır. Sular başka insanların evinde de kesilir. Bu noktada kişi kendi kendine, sadece kendisine özel bir durum olmadığını söylemelidir. Aksi halde kişi öfkelenmek için, kendini kışkırtmış olur.

Kendinizi yatıştırmak ve olayların sizin sandığınız kadar ters gitmediğini kendinize hatırlatmak için, elinizden geldiğince olumlu cümleler kurmalısınız.

Alınganlık, yaşanan her durumu sanki size özel yapılmış kasıtlı davranışlar olarak algılamak, kendinize zarar vermenizden ve öfkenizi körüklemekten başka işe yaramaz. Ayrıca öfkeli insanların kendilerini kışkırtmak ve alınganlık yaparak her durumu kendileri için daha da işin içinden çıkılmaz hale getirmek gibi bir özellikleri vardır maalesef.

Öfkelenmemek için, bu ortak özellikten kendinizi sıyırmalısınız.

(3) *"Kontrolümü kaybediyorum"* *kaygısı*

Öfkeli davranışların altında bulunan en temel ortak özelliklerden biri de 'kontrolün kaybedileceği endişesi'dir.

İnsanlar günlük yaşamlarında muhatap oldukları hayata hükmetmek isterler. İşler kendi kontrollerinde yürüsün, plan dışı durumlar yaşanmasın. Oysa hayatta hepimizin başına her türlü aksilik gelir. Olası sorunların devreye girmesi, bizim olaylar üzerindeki kontrolümüzün kaybedildiği anlamına gelmez.

Filiz ve nişanlısı Gökhan'a dönelim yine. Filiz, Gökhan geciktiğinde kontrolünü kaybetmeye başladığında, duygularını tetikleyen ne tür düşüncelere dalmış olabilir? Hadi onun yerine biz cümleler sıralayalım yine:

"Eyvah, ilişki kötüye mi gidiyor?"

"Eskiden daha dikkatli davranırdı, yoksa artık beni sevmiyor mu?"

"Onun üzerindeki etkimi yitiriyor muyum? İlk zamanlar beni bekletme dediğimde bu kadar bekletmezdi. Şimdi iyice raydan çıktı..."

"Başka birisi mi var acaba hayatında? Bana söyleyemiyor ama, benden sıkıldığı mesajını bu yolla mı veriyor? Of, ağzını arasam olur mu acaba?"

"Annesi evden çıkarmamıştır kesin. Oğlu benim istediklerimi yapmasın diye kendisi kumanda etmeye çalışıyordur. Gökhan da dünden razı zaten!"

Bunlar ilk anda aklıma gelenler... Emin olun oturup kafa kafaya versek bunlara benzer yüzlerce kötü niyetli ve şüpheci cümle kurabiliriz. Peki, bunlar doğru mu? Yani Gökhan'ın içinde bulunduğu gerçekliği temsil ediyor mu?

Bilmiyoruz!

Sadece üretiyoruz ve ürettiklerimiz bizi sinir sahibi yapmaktan öteye gitmiyor. Oysa kişi kendine bu tarz endişeler yüklememeli. Bu tür düşünceler kişinin kendisini kışkırtmasına, öfkelenmeyecekse dahi kendi kendisinin zoraki öfkeye doğru koşturmasına neden olur. Öfkeli insanların en tipik özelliklerinden biridir bu.

(4) *Tehdit altında hissetmek*

Öfkeli insanların çoğu, kendilerini tehdit altında hissederler. Bu tehdit daha ziyade duygusal tehdit algısıdır. Ya birilerinin kendisinin karşısında olduğu duygusudur, ya da birileri tarafından zarar göreceği hezeyanıdır. Kişi tehdit altında olduğunu düşünürse, farkında olmadan savunmacı davranabilir. Örneğin patron odasına çağırdığında, dünkü raporun beğenilmediğini ve işten atılacağını düşünerek savunmaya geçer. Ya refleks bir tavırla sert davranır ve durduk yere işinden olur, puan kaybeder, gözden düşer; ya da aşırı düzeyde alttan alarak, konuşup hakkını savunması gereken noktada, işten atılma endişesiyle uğradığı haksızlığı içine atar.

Demek ki bu özellik, insana iki türlü zarar verir. Birincisi, eski Türk filmlerinde olduğu gibi "Hayır, işten atmadınız! Ben istifa ediyorum!" şeklindeki saçma ayrılık. İkincisi ise, tehditle baş edemeyeceği kaygısıyla içine atıp, kendisinde ruhsal bir yük oluşturmaktır.

(5) *Öfkeyi yaşam biçimi haline getirmek*

Öfkeli insanlar, sürekli öfkeli davranmayı o kadar çok alışkanlık haline getirirler ki, zamanla bu davranış şekli onların yaşam felsefesi olmaya başlar. Çevreyi veya kendilerini öfkeleriyle kontrol etmeye çalışırlar. Öfkenin dışında başka yollar denemezler. Nasılsa öfke içe atmaya da yarıyor, bağırıp çağırmaya da yarıyor, kendini ifade etmeye de!

Öfkenin dışında hiçbir davranışsal ve düşünsel malzemeyi kullanmazlar. Hatta bazı yöresel tanımlamalarla öfkelerini pekiştirirler. "Karadenizliyiz, sabun köpüğü gibiyiz" veya "Dedeme çekmişim. O da çok sinirliymiş" gibi... Bu özelliği üzerinde barındıran insanların öfkeden uzak durması mümkün değildir.

Öfke, hayatımızın hiçbir alanında yaşam biçimimiz halini almamalıdır. Öfkenin dışında kullanılacak nice yöntem, uygulanacak nice akla uygun davranış şekli varken, niye sinirli tavırlar devreye girsin?

Öfkesini yaşam biçimi haline getiren insanlar bana göre zoru başarıyordur aslında. Çünkü her an öfkeli olmak, her zaman olayların kötü tarafını görmek, her durumda kendimizi üzüp sinirlendirecek malzeme bulmak zor şey. İnsan kendisini doğal yaşama bıraksa, yüzünden gülücük, kalbinden sevgi ve evinden huzur eksik olmaz!

Kişilik tezgâhı

MEHMET BEY TELEFONLA birkaç kez beni arayıp, destek almaya geleceğini söylediğinde anlamıştım biraz detaycı kişiliğe sahip olduğunu. Çünkü neredeyse elli kez aramış ve randevu detayı uzun uzun anlatılmıştı kendisine. Ne var ki işimiz bu; birilerine bıkmadan, usanmadan bir şeyler anlatıp durmak.

RANDEVU GÜNÜ GELDİĞİNDE, inceden, orta boylu bir beyefendi girdi odaya.

"Hoş geldiniz..."

Utangaç, mahcup ama kendinden eminmiş gibi görünen hafif kasıntı bir ifadeyle cevap verdi Mehmet Bey:

"Hoş bulduk..."

"Size nasıl yardımcı olabilirim. Hayırdır diyelim. Sorun nedir?"

"Vallahi çok güzel giriş yaptınız Mehtap Hanım. Ben de tam onu diyecektim."

Neyi diyecekmiş?

"Öyle mi? Ne güzel, ne diyecektiniz?"

"Hayırlı bir iş için fikrinizi almaya geldim."

"Hımm, elimden gelen bir şey varsa? Neden olmasın?"

"Sizi takip ediyorum yıllardır medyadan, programlarınızdan... Fikir yapınızı seviyorum. Aile danışmanlığı yaptığınızı da biliyorum. Danışmanlık hizmeti almaya geldim."

Birilerinin sizi tanıması, size güvenmesi, en korunaklı yanını, aile yuvasını kurmak için sizden yardım almak istemesi ne demektir bilemezsiniz. Çok tatlı bir duygu!

"Çok teşekkür ederim takipçiliğiniz için. Sizin durum nedir? Merak etmeye başladım doğrusu?"

"Benim bir kız arkadaşım var. Daha doğrusu nişanlım diyelim. Bir yıl oldu nişanlanalı. Benim evlilik öncesi şüphelerim oluştu. Onun için geldim."

"Evet, anlıyorum..."

"Onun için geldim işte. İnşallah bana yardım edebilirsiniz?"

Bence de inşallah. Yoksa telefonda döktüğüm onca dil de boşa gidecekti.

"İnşallah hayırlı olur diyelim Mehmet Bey. Detaylara girer misiniz, ben mi sorayım?"

"İlk kez geliyorum böyle bir yere. Prosedür ne, onu da bilmiyorum. Ben mi anlatayım, siz mi sorarsınız. Hangisi daha fayda olur? 40 dakikamız var, verimli kullanmak isterim. Telefonda 50 dakika demiştiniz. Ortalama 41 veya 42 dakikamız kaldı."

Hıı, o da ne? Çalar saat gibi danışan! Eyvah arkadaki seansa kayar mıyız, diğer insanların zaman hakkını çiğner miyiz gibi endişeler yaşamama hiç gerek yok! Mehmet Bey süreci takip ediyor zaten. Sadece süreci mi takip ediyor acaba? Tabii ki değil!

Benim kontrolümde ve sorumluluğumda olan bir alanı

farkında olarak veya olmayarak ihlal ediyor aslında. Bu davranışı da onunla ilgili bir kenarıma çizgi atmam gerektiğini gösteriyor.

"Prosedür, siz ne isterseniz o! Nasıl rahat hissederseniz o şekilde anlatabilirsiniz. Dilerseniz içinizden geldiği gibi serbest anlatım yapın. Ben arada sormak istediklerimi sorarım."

"Kafanız karışmasın. Ben biraz karışık anlatırım. Toparlamakta zorlanırsanız, bana gerektiği gibi yardım edemezsiniz."

Niye karıştırayım canım? Hafızamla ilgili sorun yaşamıyorum! Siz anlatın diyor içimdeki ses...

"Dilediğiniz yerden dilediğiniz karışıklıkta anlatabilirsiniz. Hepsi yerli yerine oturur, merak etmeyin."

"Kusura bakmayın, ben mühendis olduğum için herşeyi rakamsal düşünürüm. Benim işim olsa, rakamlar bellidir. Sizin işiniz olunca rakam da yok. Nasıl toparlayacaksanız!"

"Sizin görmediğiniz rakamlar var, biz onlarla çalışıyoruz efendim" dedim hafif esprili bir söylemle. Ne zor adam diye düşünmekten kendimi alıkoyamadım. Detaycıydı ama, iyi bir adam olduğu her halinden belliydi.

"Hayır işinizin durumu nedir? Hayırdır?" dedim tebessüm ederek.

"Nişanlımla bir arkadaş aracılığıyla tanıştık. Birkaç ay görüştük, baktık anlaşıyoruz, evlenmeye karar verdik. Herşey iyi gidiyor ama..."

Ben bu 'ama'ları çok iyi bilirim. Bir şeyin arkasına eklenmişse, topla toplayabilirsen, çöz çözebilirsen...

"Ama?"

"Beni yanlış anlamayın lütfen. Size güvenerek geldim. Hakkımda yanlış kanılara kapılmanızı istemem."

Tabii ki kapılmam, anlatın anlatın lütfen demek istiyorum içten içe.

"Nişanlımın herşeyine sinir oluyorum."

Nişanlımın herşeyine sinir oluyorum da ne demek? Nasıl yani?

"Konuyu açabilir misiniz lütfen?"

"Tam bilmiyorum aslında. Ben normalde çok sinirli bir insanım zaten. Herşeye sinirleniyorum. Ondan mı, nişanlımın herşeyi sinir bozucu, ondan mı?"

Herşeyine sinir olduğun bir kızla niye evlenmeye kalkıyorsun ki? İnsanların çelişkilerle dolu davranışlar sergilemesine ne kadar alışık olsam da, kafamda gezinen sorulara engel olamıyorum tabii.

"Neyine sinir oluyorsunuz?"

"Oturmasına, kalkmasına; gülmesine... Dişleri de çok çirkin, kirli gibi. Güldüğünde kötü görünüyor. Dişlerini göstererek gülmesini istemiyorum. Veya bir şey giydiğinde yakışmıyor. Ne bileyim işte. Ses tonu da bir garip! Onunla ilgilenmemi istiyor, ben de mühendisim tabii, çok çalışıyorum. Zaman ayıramıyorum. Bozuluyor haliyle. O zaman ben de ağzıma geleni söyleyip telefonu suratına kapatıyorum. Sonra ağlıyor, özür diliyor. Affediyorum."

Bu kız kendisine yapılanların veya onun hakkında hissedilenlerin farkında mı acaba? Bir kız kendisine bu kadar sinir olan biriyle evlenmeyi hak ediyor mu?

"Çok iyi bir kız aslında. Kafam karışık gerçekten."

"En son ne yaptığında sinirlendiniz?"

"Dün akşam, yemeğe götürecektim onu. Söz verdiğim saate yetişemedim, baktım suratını asmış. Çok sinirlendim, bağırdım çağırdım. Haklıydım üstelik. İşten geç çıktım, inat olsun diye geç gitmedim ya! Surat görmeye dayanamıyorum."

Pek çok öfkenin altında "Ben haklıyım" veya "Haklı olduğumu karşı taraf kabul etmeli" kaygısı yatar. Mehmet Bey, geç gidişinin farkında ve hatalı olduğunu biliyor gibi, ama defansa geçip, karşı tarafa bastırma politikası uyguluyor. Orman kanunu gibi. Kimin sesi daha çok çıkarsa, o haklı! Oysa *sesi çok çı-*

kan değil, haklı olan haklıdır. Kaldı ki ikili ilişkilerde, karşılıklı konuşmak, kendini ifade etmek, yolunda gitmeyen durumla ilgili özür dilemek olayı nasılsa yatıştırır. Daha kolay yöntemler kullanmak varken, insanlar ilginç bir şekilde zor olanını tercih ediyor. Haksızlığa uğratıp, haksızlığa uğruyormuş gibi düşünen birisi, öfkelenmez de ne yapar? Seni yaramaz seni, diyemezdim tabii Mehmet Bey'e.

"Şonra ne oldu?"

"Küsüz şimdi. O da aramadı. Ben mesaj atıp aile danışmanına gideceğim, dedim. 'İyi olur yazmış' bir tek."

Çaresizlik!

Ah o en kabadayı görünen anda bile kendisini sicim gibi hissettiren çaresizlik! Âdeta Mehmet Bey'e yapışmıştı bu çaresizlik.

"Mehmet Bey, akşam nişanlınıza yönlendirdiğiniz öfke, aslında neyin öfkesiydi?"

"Nasıl yani?"

"Her öfke bir nedene dayalı olarak ortaya çıkar. Sizin nedeniniz neydi?"

"Surat asmasıydı..."

"Tekrar düşünerek cevap verir misiniz, sizin nedeniniz neydi? Bu neyin öfkesiydi?

"İşten çıkmadan önce bir müşterimize çok kızdım."

"Niye?"

"Ödemesini yapmıyor uzun zamandır. Üzerine gelmiş yeni iş getiriyor, yapmak istemiyoruz diye trip atıyor. Ona kafam çok bozuldu."

"Güzel. Başka?"

"E, o kadar işte!"

"Hayır, o kadar değil! Başka? Oradan kızarak çıktınız ve sonra sizi ne harekete geçirdi?"

"Bilmem ki. Aslında arabada gecikeceğim için kendime kızdım. Genelde geç kalıyorum. Onun da öğrenmesi lazım artık, bir yıl oldu. Ben zamanında gidemiyorum."

"İyi gidiyorsunuz. Sonra?"

"Anneme çok sinir olurdum ben. Babam eve her geldiğinde kavga ederlerdi. Gerçi babam da işte öyle bir adamdı. Annem yıllarca depresyon tedavisi gördü. Güldüğünü hiç görmedim desem yeridir. Ona benzetiyorum nişanlımı. Biraz da anılarım canlanıyor galiba."

"Hımm, anlıyorum. Devam ederseniz eğer..."

"Mesela yengemin elmacık kemiklerini de hiç sevmezdim. Nişanlım suratını asınca yüzünde garip bir ifade oluyor ve elmacık kemikleri belirginleşiyor. Ona da sinir oluyorum. O halini görmek istemiyorum!"

Bir şey yok diyen Mehmet Bey'in anlattıkları bunlardan ibaret değildi elbette ki. Öfke sebeplerini dökmeye devam ediyordu.

"Kayınpeder çaktırmadan her seferinde laf çarpıyor. 'Erkek adam sözünde durur,' 'Şimdiden bekleteceksen bu kızın işi harap' falan gibi bir ton laf. Acayip sinir oluyorum. Nişanlım suratını asmasa, bozuntuya vermese kayınpeder o lafları edemez değil mi ama?"

"......"

"Ben nişanlıma haksızlık yapıyor olabilirim. Aslında iyi kız. Şimdi size anlatırken fark ettim, anneme benziyor diye... Hatta aklıma ne geldi; bizim bir Osman dayı vardı tâ eskiden. O kızdığında garip bir ses çıkarırdı. Sesi de ona benziyor. Sorun bende galiba. Etrafta ne kadar kızdığım insan varsa ona benzetmişim kızcağızı..."

Gülüyor bu cümleleri söylerken ama, yüzündeki sıkıntılı ifade içine içine üzüldüğünü hissettiriyordu.

"Sorunu olmayan insan yok. Nişanlınızı akraba marketine çıkarmışsınız, kişilik tezgâhından huy seçiyorsunuz gibi geldi bana. O sizin nişanlınız, kendisi kadar! Ne eksik, ne fazla... Onu başkalarıyla kıyaslamayın. Sülaledeki herkesin eleğinden

geçiriyorsunuz neredeyse. Bu davranışınız ikinizi de yorar. En çok da siz yorulursunuz elemekten. O da sıkılır yargılanıp durmaktan, unutmayın!"

"Çok haklısınız..."

"Yaşayın gidin bence..."

Mehmet Bey'le öfke ve kaynakları hakkında konuştum.

"Dilerseniz birkaç seans çalışalım. Nişanlınızı da getirirsiniz ileride. Rahatlatalım sizi."

"Evet, benim bu huylarımı bırakmam gerek!"

Kesinlikle katılıyorum bu huyların bırakılması gerektiğine...

"Zaman ilerledi. 53 dakika olmuş. Haksızlık yapmayalım size."

"Yoo sorun değil, memnun oldum tanıştığımıza..."

"Geleceğim inşallah. Benim şu sinirli hallerimle baş etmeyi öğrenmem lazım."

"Aslında öğrenmeye başladınız bile! Çünkü her öfkenin altında yatan başka nedenler olduğunu bilmeniz çok önemli. Hiçbir öfke içinde bulunduğu anı temsil etmez. Öfkenize bakarsınız, bir de verdiğiniz tepkiye. İkisi arasındaki dengesizlik, gereksiz kışkırtıcıların sizi harekete geçirdiği anlamına gelir.

Gereksiz kışkırtıcıları geri çeker, eski defterleri kapatırsanız, şu anki olay, belki de çok fazla bağırıp çağırmanızı gerektirmeyecektir. Ne dersiniz?"

Bu vakada neler öğrendik?

Buraya kadar okuduğunuz bilgilerle vakayı değerlendirmeye ne dersiniz? Hadi başlayalım:

- Hiçbir öfke yaşandığı 'an'ı temsil etmez! Burada Mehmet Bey, nişanlısının suratı asık diye öfkeleniyor. Öfkenin gerisindeki olayları siz de görüyorsunuz değil mi?
- Tehdit altında hissetmek öfke oluşturur. Kayınpederin,

Mehmet Bey'in erkekliğine söz söylemesiyle, nişanın bozulması riski oluşuyor geri planda. Bu durum karşısında Mehmet Bey hırçınlaşıyor. Kız babalarının müdahalesi, damat için risktir. Gözdağıdır. Ayağını denk al uyarısıdır.

Bilinçdışımızda bu sistemin çalıştığını bileceğiz ama, bu tuzağa düşmeyeceğiz. Babanın sözlerini tehdit gibi algılamak yerine, genel durum hakkında yapılan yorum olarak düşüneceğiz. "Daha neler, niye beni tehdit etmiş olsun ki! Belki de kendi kızına latife olsun diye söylüyordur" diyeceğiz.

• Bu vakadaki Mehmet Bey titiz, detaycı bir insandır. Bu özelliklerinin yanı sıra da alıngan. Muntazaman geç kalan kendisi; ama kendisine yapılan davranışlara alınganlık yapıyor.

Geç kalıyor ve evde suratı görünce bozuluyor. Oysa eve ulaşınca nişanlısına, "Canım çok beklettim seni değil mi, hay aksi! Çok özledim seni. Bir an önce gelmek için öyle bir koşturdum ki görsen!" gibi tatlı sözler söylese ortam gerilmeyecek. Ne nişanlısı surat asacak, ne de küsmek zorunda kalacaklar.

• Mehmet Bey, ilişkisinin kendi kontrolünde olmasını istiyor. Ama gerek nişanlısının surat asması, gerekse babanın söylemleri "Eyvah kontrol elimden gidiyor" kaygısı oluşturuyor. Aynı kontrol kaygısını seansa girdiği andaki saat kontrolünden hatırlayabilirsiniz. Mehmet Bey, kontrolün kendisinde olmasından hoşlanan bir insan. Kontrol riske girince hırçınlaşıyor.

Geç kalmalarla ilişkiler bitseydi, ülkemizde evlilik diye bir birliktelik kalmazdı. Malum geç kalan geç kalana! O halde, gecikmelerin ilişkimizdeki kontrolümüzü kaybettireceği hezeyanından birazcık uzaklaşmalıyız.

Mehmet Bey; eve gittiğinde nişanlısına negatif mesajlar vermek yerine, olumlu mesajlar verebilirdi. Ona "Herşey yolunda, endişelenme!" diyebilirdi.

Örnek vakada sonuç

Örnek vakayı okudunuz. Yazılan bilgilerle örnek vaka arasında bağlantı kurmaya gayret edin. Sonrasında birkaç hafta boyunca kendi hayatınızdaki öfke yaşadığınız durumları, öfkenin nedenleri ışığında değerlendirmeye çalışın. 'O anlık' diye nitelendirdiğiniz öfkenin bile o anlık olmadığını fark edeceksiniz.

Öfkenizin bağlantılı olduğu geçmiş yaşam deneyimlerinizi keşfedin. Klasik bir söylem vardır "Ramazan pilavı" diye. İnsanlar 20 yıllık evli bile olsalar, yaptıkları her kavgada tâ 20 yıllık defterleri açarlar. Bugünün öfkesini, bugünkü olayla sınırlı tutsanız; sinir krizi veya ilişki krizi yaşamanıza gerek kalmaz. Oysa bugün olan her bir olayın ardına geçmiştekileri eklersek, herhalde altından kalkmamız mümkün olmazdı.

Demek ki ne yapıyormuşuz? Öğrendiklerimizi zihnimize kazıyarak ve kendi öfkelerimizi analiz etmeye çalışarak, öfkemizin altındaki gerçek gerekçelere iniyormuşuz. Zaten gerçek gerekçelere ulaşınca, şu anki olaya verdiğimiz tepkinin ne kadar lüzumsuz koçaman bir tepki olduğunu anlamış oluyoruz.

Hatta isterseniz bu kitapla birlikte kendinize bir 'öfke tahlil ajandası' oluşturun. Kendi öfkelerinizi ve öfke kaynaklarınızı Mehtap Kayaoğlu'dan öğrendiğiniz bu öfke tahlil ajandanıza kaydedin. Bakalım neler gün yüzüne çıkıyor?

Bu ajanda sayesinde; hem öfke günlüğü tutmuş olacak, hem de kitabın sonuna kadar kendi öfkenizde yolculuk yapmış olacaksınız!

Soru Yorum

Soru: *27 yaşında, 2 yıllık evli bir bayanım. Eşimle güzel bir ilişkimiz olmasına rağmen bir sorunumuz var. Ne zaman arkadaşlarımızla bir araya gelsek eşimin erkekliği tutuyor. Yani başkalarının yanında beni aşağıladığını düşünüyorum. Sert konuşuyor, sen ne bilirsin ki, türünden laflar ediyor. Çok öfkeleniyorum. Ne yapmamı önerirsiniz?*

Cevap: Öncelikle böyle bir durumda içinizde öfke uyanması normal bir duygudur. Çünkü her normal insan, kendisine olan saygının azaldığını hissettiğinde, birlikte yaşadığı insan tarafından değersizleştirildiğini düşündüğünde öfkelenir. Bir anlamda iç dünyanızda tehdit altında hissedersiniz kendinizi.

Diğer yandan da, eşinizin evlilik ilişkisinde, başkalarının yanında kadınıyla nasıl iletişim kuracağı konusunda sıkıntıları olabilir. Normalde iyi bir adam olduğunu söylüyorsunuz. Demek ki kalabalık içinde iletişim kurma yolu bu şekilde eşinizin. Öncelikle bahsettiğiniz davranış şeklini üzerinize alınmayın. Siz değil de başka bir kadınla evlenseydi yine aynı davranışı sergileyecekti. Mesele siz değilsiniz. Mesele onun arkadaş ilişkisi içinde kadınına davranma şeklindeki stildir.

Öfkelenmeniz normal dedim ama; diğer yandan dikkat ederseniz öfkenizle baş etmeniz için yöntemler öneriyorum. Öncelikle üzerinize alınmayın ve iç dünyanızda oluşan değersizlik duygularının önünü kesin. Durumun doğrudan sizin kişiliğinizle ilgili olduğunu düşünmeyin. Eşinizle konuşun. İyi bir zamanınızda güzel bir ifadeyle rahatsızlığınızı dile getirin.

***Soru:** 32 yaşında mühendis bir beyim. 8 yıllık evliliğimizde eşimin bana karşı hırçın davranışlarını görmezden geldim. Ama kendi ailesinin yanında yaptığı hareketlerden rahatsız oluyorum. Söylüyorum işe yaramıyor. Ne yapmalıyım bilemiyorum?*

Cevap: Biz genelde konuşun deriz, siz de konuştuğunuzu ve işe yaramadığını söylersiniz. Yıllarca bu hep böyle oldu nedense. Bizim konuşmaktan kastettiğimiz durumla, sizin konuşmak dediğiniz şey aynı değil kanısındayım.

Ülkemizde özellikle evli çiftler, karşılıklı tartışıp bağrışmayı, birbirlerini suçlamayı konuşmak zannediyor. Öncelikle etkili bir konuşma "Bu davranışların beni incitiyor" mesajını içerebilmeli ve farklı konularla birleştirilmemeli. O günün konusuyla ilgili anlatmaya çalışın kendinizi. Geçmişte yaptığı diğer saygısızlıklara girmeyin bile. "Bana bunu yapmandan rahatsız oluyorum" söyleminden ziyade, "Ailenin yanında daha tatlı ve güzel davranmak sana çok yakışıyor" şeklinde bir söylem kadınları mutlu eder. Kimi mutlu etmez ki! Kabahat söyleneceğine, güzel davranış öne çıkarılsa, içinde suçlayıcı ifadeler olmasa!..

Bu arada hiçbir davranış şekli o anı temsil etmez. Eşinizin, ailesi yanında yaptığı o davranışların, sizin ikili ilişkinize dayanan farklı zeminleri mutlaka vardır. Bence bu konuda birkaç seans aile danışmanlığı yardımı da alabilirsiniz.

Soru: *25 yaşındayım. 9 yaşında erkek kardeşim var. Ne zaman bir film izleyecek olsam sonunu söylüyor ve içimde izleme hevesi kalmıyor. Çok sinirleniyorum. Aslında ben de tahmin ediyorum ama, onun söylemesine sinir oluyorum. Ne dersiniz?*

Cevap: Sorunuzu okuyunca bir hocamın oyunbozanlar ve sinema konusunda yazdığı makale aklıma geldi. Oyunbozanlara hep öfkelenildiğini yazmıştı hocam makalesinde. Cidden öyledir. Ben de sinir olurum öyle yapanlara. Zar zor zaman ayırmışsınız, sinemaya gideceksiniz, birisi çıkıyor ve "Yaa git, süper film... Hele son sahnede adamın öldüğü an yok mu, çok ağladım."

Haydi, gidebilirsen git şimdi! Adam da ölecekmiş zaten. Film boyunca ne zaman ölecek, etrafındaki kim onu öldürecek, kim ona ihanet edecek diye bekle dur!

Film hakkında malumatımız olarak gitmemiz ve izlememizle, filmin sonunu bilerek aynı filmi izlememiz aynı şeyler değildir artık. Çünkü filmi izleme duygumuz değişmiştir. Değişen duyguyla izlenen film, beklediğimiz kadar mutlu etmez bizi! Tam da bu nedenle sevilmez oyunbozanlar. Hatta çocukluğumuzdan biliriz, saklambaç oynarken, ebe bizi bulamadığında, komşu oğlanın gelip "Burada, burada!" diye bağırmasının bizi deli ettiğini. Oyunbozanlara hep gıcık olunur zaten.

Aslında hepimiz biliriz biraz sonra hayatın normal seyrinde akıp gideceğini. Filmin sonu söylense de söylenmese de hayatın devam ettiğini, oyuncunun bir yerlerde yaşıyor olduğunu. Ya da komşu oğlan söylemese de ebenin gelip bizi bulabileceğini. Özetle, oyunbozanlar öfkelendirir ciddi anlamda insanı. Ama herşeyin normal standardında akıp gittiğini, gitmeye devam edeceğini düşünürsek, öfkemizle barışabiliriz.

Duygunuza çok dokunacak faaliyetlerinizi söylemeyin

şimdilik kardeşinize. Hangi filme gideceğinizi bilmesi gerekmiyor. O oyunbozanlık yapmamayı öğreninceye kadar, siz bazı eğlencelerinizi kendinize saklamayı öğrenin! Ama birileri de ona oyunbozanlık yapmamayı öğretsin.

Öfkenin diğer duygularla ilişkisi

"Öfke ile beraber akıl da uçup gider."
—E. Lessing

ÖFKE, TEK BAŞINA YAŞANAN sessiz sakin bir duygu değildir. İşin aslını sorgulayacak olursak hiçbir duygumuz tek başına arı duru yaşanmaz. Her sevincin içinde, kaybetme kaygısı; her üzüntünün içinde, işlerin düzeleceğine dair heyecan; her korkunun içinde, ne olacağına dair merak vardır. Duyguların tek başına arı duru, tertemiz yaşanması sözkonusu değildir bu sebeple.

Esasında duygulardır insanı insan yapar. Öyle ki olmazsa olmazlarımız arasında ilk sıralardadır. Kan damarlarından arındırılmış bir insan düşünülemeyeceği gibi, duygularından uzaklaştırılmış bir insan da düşünülemez. Duygularımız ve doğru yerde, doğru duyguyu yaşamamız o kadar önemlidir ki anlatamam. Hatta ağır ruhsal hastalıklar, duyguların kaybolmaya başladığı yerde ortaya çıkar. Örneğin şizofreni rahatsızlığı, kişinin duygulanım sorunu yaşaması, duygulanım bozukluğu ve gerçekle hayalin birbirine karışması anlamına gelir. Gülecekken gülemez, ağlaması gerekirken ağlayamaz veya çarpıcı şekilde duygular yer değiştirir. Annesi öldüğünde kahkahalara boğulur veya karınca ezdiğinde kendisini acımasız katil algılar. Âdeta duygular karmakarışık olur.

Duygu deyince sizlerin aklına hangi duygular geliyor?

Ben size en temel duygularımızı söyleyeyim dilerseniz: sevgi, üzüntü, heyecan, öfke, kıskançlık, mutluluk ve korku... İnsanoğlunda pek çok duygu var ama, en temel duygular denildiğinde ilk akla gelenler bunlar.

Öfkenin ayrıcalığı ne peki? Öfkeyle bunların ne ilişkisi var diye düşündünüz mü hiç?

Öfke, ülkemiz insanının en fazla kullandığı duygulardan biri. Öfke, diğer duygularla en fazla karışan, her duyguda bir parça tuzu olan, hatta diğer duygularımızın yerine bile bol bol kullandığımız joker duygularımızdan biridir.

Geleneksel yetiştirilme usullerimizden midir nedir, milletçe herkeste var bu öfke hali. Doğrusu duygularını sağlıklı yaşamayı bilmeyen kişiler, diğer duygularının yerine de sık sık öfkeyi kullanıyorlar. Özellikle bizim memleketimizde sevinince öfke, endişelenince öfke, kızınca öfke, korkunca öfke... Öfke de öfke!

Nasıl mı oluyor bu?

Örnek olaylar eşliğinde hemen anlatıyorum.

ÖFKE VE ENDİŞE

Endişe, hepimizi en fazla öfkelendiren olayların başında gelir. Hiç aklınızda olmayan öfke, endişe kapıya dayandığında öyle bir ortaya çıkar ki, şaşırır kalırsınız. Rahat, endişesiz, gamsız kişilerin ne kadar az öfkeli olduklarını görüyorsunuzdur çevrenizde değil mi? Oysa tam tersine heyecanlı, telaşlı, endişeli kişiler hep bir şeylere kızarlar.

Endişenin en tipik özelliği, ortada ciddi bir neden yokken, kişinin kendi kendisine kaygılanılacak bir neden bulup, kendisini strese sokmasıdır. Uzun süre böyle yaşayan, bu şekilde yaşamayı prensip haline getiren insanlar, zamanla endişeci/kuşkucu bir kişilik yapısı geliştirmeye başlarlar. En ufak gecikmeyi, trafik kazası; minik bir uyarıyı, işten atılma riski zannederler. Böylece her an ters bir durum olacak endişesiyle yaşarlar. Bu endişe o kadar çok gerer ki bünyelerini, günün birinde öfkeli/tahammülsüz birisi olup çıkarlar.

Her istedikleri anında olsun, her söyledikleri en kısa zamanda yerine getirilsin isterler. Onların planının dışında işler yaparsanız sinirlenirler. Tüm hayat, onların zihinlerinde canlandırdığı gibi olmalıdır.

Bu gibi kişilerle anlaşmak zordur. Endişeli oldukları; fakat endişelerinin farkında olmadıkları için muntazaman öfkelidirler. Kızıp bağırmak için hazır bir bahaneleri hep vardır.

Örnek olay:

Ayşe Hanım, eşi Ömer Bey'i bekliyordu. Bir saat önce aradığında eşi yolda olduğunu söylemişti. En fazla 20 dakika içinde gelmesi gereken eşi, bir saat olduğu halde gelmemişti. Ayşe Hanım 2 saat sonra çalan kapıyı açtığında kızgın bir şekilde "Nerede kaldın?" diye sordu.

Ömer Bey, kapıyı açar açmaz hesap soran karısına çok sinirlenmişti. Cevabı hazırdı:

"Ne bağırıyorsun be? Kör müsün, geldik işte!"

Ayşe Hanım:

"Bağırmıyorum, esas sen bağırıyorsun."

Ömer Bey:

"Yaa bırak Allah aşkına! Her akşam aynı dava. Güler yüzle karşılasan şaşırırdım zaten."

Ayşe Hanım:

"Gülecek yüz bıraksaydın, güler yüzle karşılaşırdın."

...

Diyaloğu uzatmak mümkün.

Ayşe Hanım'ın "Nerede kaldın?" diye öfkeli tavrının arkasında aslında ne var?

Evet, bildiniz: 'endişe!'

Aslında eşinin gecikmesinden dolayı endişelenen Ayşe Hanım, sağlıklı iyi ilişki işareti verecek tatlı bir karşılama yapmak yerine, endişesinin yerine kullandığı öfkeyle eşini eve aldığı için, eşi tarafından azarlanıyor. Eşinin kendisini anlamadığını düşünüp üzülürken, hatta ona haksızlığı için ders vermeye çalışan cümleler kurmaya devam ederken; Ömer Bey de eşinin öfkeli görünen konuşmasının arkasındaki endişeyi okuyamıyor.

Sonuç?

Sonuç;

- tartışma,
- uzayıp giden karşılıklı suçlamalar,
- gerilen ilişki,
- mahvolan akşam,
- her güne yayılan anlaşmazlık duygusu,
- aynı evin içinde yalnızlaşan iki insan...

Bunun adı da evlilik!

Oysa duygu kontrol alışkanlığı olan ve bir duyguyu diğerinin yerine kullanma hatasını yapmayan kişiler kendilerine öncelikle bir soru sorarlar:

"Eşimin gecikmesi hakkında ne hissediyorum?"

Ve kendilerine cevap verirler:

"E, merak ettim tabii! 20 dakikalık yol, oldu 2 saat. Başına bir şey mi geldi? Veya bir arkadaşıyla karşılaştıysa da haber ver-

sin, sofra başında bekliyoruz beyefendiyi."

Tamam, aceleye hiç gerek yok. Sırayla gidelim. Önce merak ettiniz onu. Eşiniz için endişelendiniz.

Evine gelen, akşama kadar çalışmış, ev halkı için çalışmış bir erkeğin ihtiyacı olan ilk şey, eşi tarafından güzel karşılanmaktır. Ve duyguların ilkel fışkırmalarından nasibini almamaktır!

Ayşe Hanım bu bilinçle hareket etmiş olsa, eşinin üzerine gitmek yerine, endişe duygusunun farkına varıp, doğru duyguyu iletişimine ekleyerek, ilişki kalitesi yüksek iyi bir evlilik yolunda hızla ilerlemiş olurdu. Ama durum öyle değil maalesef.

Bu küçük örnek olayı 2 ayrı şekilde inceleyelim mi?

(1) Duygu kontrol eğitimi almış bir Ayşe Hanım ve Ömer Bey için aynı gece şu şekilde ilerlerdi muhtemelen:

Ayşe Hanım, eşine kapıyı açar.

"Hoş geldin canım!"

Ömer Bey:

"Hoş bulduk hayatım."

Ayşe Hanım:

"Merak ettim seni. İyisin değil mi? Herşey yolunda mı?"

Ömer Bey:

"Evet, evet yolunda. Gelirken bizim Hüseyin Ağabeyi gördüm. İşleriyle ilgili bir şeyler sordu. Seni de arayamadım. Kusura bakma hayatım."

Ayşe Hanım:

"Aman iyi ol da sorun değil kocacım. Önemli olan sağ salim evine gelmen. Yemekler soğumuştu, hemen ısıtayım mı?"

Ömer Bey:

"İyi olur karıcığım... (veya bebeğim, hayatım, bir tanem, aşkım vs.)"

Gördüğünüz gibi endişe, hatta kendilerini etkileyen öfke duygularını ikili ilişkilerine karıştırmıyorlar. Ayşe Hanım eşini merak ettiğinin farkında ve ardından gelen öfkenin, geceyi mahvetmesini istemiyor. Ömer Bey de zaten gecikmiş, Hüseyin Ağabeyinin onu oyalamasının acısını eşinden çıkarmıyor. İlişki gayet güzel!

(2) 'Duygu kontrol eğitimi' almış Ömer Bey ve eğitim almamış Ayşe Hanım için gecenin ilerleyiş şekli şöyle olabilirdi:

Ayşe Hanım eşini merak etmeye başlamıştır. Eşi geciktikçe öfkelenir. Aslına bakarsanız, endişesiyle öfkesinin yer değiştirdiğinin farkında bile değil. İstediği tek şey, eşinin bir an önce eve gelmesi ve bu gecikmeden dolayı, kendilerine yeterince değer vermediği gerekçesiyle eşine durumun hesabının sorulması.

Ömer Bey gelir. Kapıyı çalar. Ayşe Hanım kapıyı açar:

"Nerede kaldın? Senin 20 dakika böyle mi? Bizim saatle 2 saat! Yemekler buz gibi oldu!.."

Ömer Bey, daha önce duygu kontrol eğitimi almıştır ve insanların refleks tavırlarının arkasındaki gerçek mesaj hakkında bilgi sahibidir. Eşinin kapıyı açar açmaz sergilediği bu tavrın, öfkeden öte, endişeyle ilgili olduğunu anlaması çok zamanını almamıştır.

Ömer Bey:

"Canım karıcığım benim, merak mı etmiş kocasını?"

Ayşe Hanım hâlâ kızgın olabilir ve savaş kelimelerini bir kenara bırakmamış olabilir:

"Aman ne merak edeceğim seni, her zamanki halin."

Ömer Bey:

"Yok yok, ben biliyorum. Kızmış biraz kocasına gecikti diye ama, bu kızgınlık eşinin başına bir şey geldiyse kaygısının kızgınlığı. Canım sorma, bizim Hüseyin Ağabey, işleriyle ilgili bir şeyler sordu uzun uzun. Arayamadım da seni, ama harika yemeklerini yemek için sabırsızlanıyorum. Soğumuştur gerçi ama, senin yemeklerin soğukken bile harika..."

Hangi kadın bu kadar tatlı bir geçişe surat asabilir ki?

Ayşe Hanım:

"Vallahi beni çok iyi tanıyorsun kocacığım! Merak ettim tabii. Sen üstünü değiştirinceye kadar ısıtırım yemekleri, sıcak ye."

Dikkat ettiyseniz ikili ilişkilerde, aramızdan biri bile duygusunu kontrol etmeyi biliyorsa, işler yoluna girer. Çünkü bir tarafın duygular konusunda duyarlı olması, diğer tarafın duygu patlamalarını tamponlayacaktır.

Önemli olan, öfke duygunuzun yerine diğer duygularınızı kullandığınızı bilmenizdir. Öfkeyi anlamanın en iyi yolu, onun etkileşim halinde olduğu diğer duyguların farkına varmaktan geçiyor. Siz farkında olmasanız bile, beyninizin içinde o kadar çok merkez öfkenizi besler ki, inanamazsınız.

Demek ki; öfkeyi yakından besleyen endişe duygularınıza göz atarak, sinirinizi beslemelerine engel olmanın yollarını arayabiliriz artık.

ÖFKE VE ÜZÜNTÜ

Öfkeyi besleyen ana duygularınızdan biri 'üzüntü'dür. İnsanlar uzun süre üzüntü yaşadıklarında, üstesinden gelemedikleri sorunlarla karşılaştıklarında, üzüntüleriyle nasıl baş edeceklerini bilemediklerinde, üzüntüden kaynaklanan stres faktörleriyle baskı altında kaldıklarında öfkeli hale gelirler.

Çevrenizde görürsünüz; yakınını kaybetmiş, işleri ters gitmiş, evlilik ilişkisinde mutsuzluk yaşamış pek çok kişi öfkelidir. Çocuklarda ve ergenlerde bile bu ilke değişmez. Öfkeli çocuk ve ergen, yüksek ihtimalle mutsuzdur, üzgündür, hayatında bir şeyler yolunda gitmiyordur.

Üzüntü ve uzun süre yaşanan mutsuzluk, insanların tahammül sınırlarını daraltır. Kişi daha önce kızmadığı, gülümseyerek atlattığı pek çok konuda asık suratlı olmaya başlar. Bu durumda ne yapılmalı?

Öfkeli olduğunuz zamanlarda, işe; içinde bulunduğunuz bu öfkeli halin ne kadarının gerçekten sizi kızdıran olayla ilgisi olduğunu anlamaya çalışarak başlayın. Bunun yanı sıra olayların üzüldüğünüz yanlarıyla, öfkelendiğiniz yanlarını birbirine karıştırmamaya gayret edin.

ANNESİNİN ÖLÜM ACISINI YAŞAYAN ESİN HANIM

Çift terapisinde yardımcı olduğum bir çift vardı. Evliliklerinin uzun süredir çatırdadığını söyleyerek aile danışmanlığı için gelmişlerdi.

Ne kadar zamandır bu şekilde yaşadıklarını sorduğumda, ortalama iki yıldır ilişki sorunları olduğunu belirtmişlerdi.

Yapılan görüşmeler neticesinde fark ettik ki; bayanın annesi 2 yıl önce kanserden vefat etmişti. Annesinin ölümüne çok üzülen ve kendisini yalnız hisseden hanımefendi, eşinin ve ailesinin davranışlarına karşı daha az tolerans gösteriyordu. Kendi annesinin hayatta olmayışına karşılık, eşinin hafta sonları yaptığı anne ziyaretleri onun sinirini bozmaya başlamıştı.

Doğrudan eşine söylemese de, 3 yaşındaki çocuklarına babaannenin dokunmasını bile istemiyordu. Çünkü anneannenin dokunamadığı bir toruna onlar da dokunmamalıydı.

Bütün dünyası annesi olan Esin Hanım, annesinden sonra uzun süre acı çekmişti ve çekmeye devam ediyordu. Neredeyse her gün muntazaman annesinin ölüm anını gözünde canlandırıyor, mezarına gittiği sahneleri defalarca beyninde izliyordu.

Kendisini oyalayacak, üzüntüsünü yatıştıracak herhangi bir yaşamsal malzeme bulamayan genç kadın, zaman içinde sinirli bir yapıya bürünmüştü. Artık eşine, onun ailesine, hatta kızına dahi dayanamıyordu. En ufak hareketlerinde bağırıp kızıyordu. Onun bu öfkeli hali, ailenin sonunu hazırlamaya başlamıştı bile.

Biz terapide öncelikle bayanın üzüntüsüne çalıştık. İşe; iki yıl önce vefat eden; fakat hayatının her anında acı hatıralarıyla yanında taşıdığı annesini gömerek başladık. Onun, bulunduğu yerden, kızının bugünkü hayata müdahale etmesine engel olduk. Böylece üzüntüsüyle baş etmeyi öğrenen genç kadın, zaman içinde öfke patlamalarından kurtulmaya başladı. Aile terapileri kısa süre içinde evliliğin toparlanmasını sağladı.

Bilmem durumu anlatabildim mi?

ÖFKE VE KORKU

Öfkeyi besleyen en belirgin duygularımızdan biri de 'korku'dur. Öfkeyi besleyen korku, bir nesne veya durumla alâkalı korku değil de, daha ziyade değer kaybetme, değer görmeme korkularının beslediği öfkedir.

Eşinizin sizinle tartıştığı, sıradan bir olayı düşünün. Çok öfkelendiniz. Neden? En küçük tartışma neden öfkeye dönüşür? Çünkü eşinizin size yeterince değer vermediğini düşünürsünüz. Onun gözündeki değerinizin bitmesinden korkarsınız. Bu korku öfkelenmenize neden olur.

BİRBİRİNİ KAYBETME KORKUSU YAŞAYAN ÇİFT

Dünyanın başka yerlerinde var mı bilmiyorum ama, Fikret Bey tipik bir Türk erkeği. Evden her çıkışında eşinin ne giymesi gerektiğine karar veriyor.

"O üzerindeki olmamış, çıkar."

"Hemen değiştir!"

"Rengi çok dikkat çekici bluzunun; o kadar dikkat çekme, git başka bir şey giy!"

"Sana çok yakışmış bu. Olmaz herkes sana bakacak; gıcık etme adamı, çıkar."

Aylin Hanım, on yıllık evlilikleri boyunca tek bir giysiyi eşine beğendirememenin stresini yaşıyordu. Eşinin neyi sevip neyi sevmediğini bir türlü anlayamamıştı.

Bir bayram sabahı evde kıyamet kopmuştu. İkisinin birlikte gidip aldıkları giysi bile eleştiri konusu olmuş, o kıyafetle evden çıkılmasına izin vermemişti Fikret Bey.

"Ya gider değiştirirsin, ya da bayramdan sonra boşarım seni..." sözleri ikiliyi uç noktalara taşımıştı.

Aylin Hanım inanılmaz öfkeliydi. Tabii ki Fikret Bey de. Her ikisi farkında olmasalar bile, çok iyi anlaştıkları bir duyguları vardı: 'öfke!'

Aynı şekilde her ikisinin öfkesinin ardındaki yapı aynıydı: 'korku!'

Her ikisi de kendi seçimlerinin değer görmemesinden, kişilik değerlerinin birbirleri tarafından anlaşılmamasından dolayı sıkıntılıydı. Bu sıkıntı ikisinde de kaybetme korkusu oluşturuyordu. Korkunun gittiği öfke ülkesinden haberleri bile yoktu!

Terapide, birbirlerini kaybetme korkuları üzerine çalıştık. Değer algıları ve korkuları... Birbirlerine verdikleri değer ve neyi kaybetmekten korktukları üzerine birkaç seans yaptık. Oradan öfke limanlarına ulaştık.

Öfkenin ardındaki korkuyu keşfettiklerinde, birbirlerine kuru kuruya öfkelenmenin bir anlamı olmadığına karar verdiler. Şimdi ise mutlular...

Aylin ve Fikret çiftinde de gördüğünüz gibi korkular öfkeyi besler. Bunun dışında gerçekçi korkular da öfkeyi besler. Hepimiz güleriz, hani bilirsiniz, yola çıkan çocuğunu arabanın altından kurtaran anne, evladına sarılıp öpmek yerine, öfkeyle tokat atar. "Biz böyle bir milletiz" diye alay ettiğimiz bu davranışın altında yatan süreç budur. Çocuğunu kaybetme korkusunun oluşturduğu öfke! Çocuğu ölecek diye korkuyor. Onu kurtarıyor. Öfkesini tokat atarak dışarıya atıyor. Aradan zaman geçince zihni toparlanıyor, çocuğuna sarılmayı düşünebilecek hale geliyor.

Öyle ya da böyle, öfkenizin altında öfkeye neden olan, öfkeden bağımsız olmayan, öfkeyi harekete geçiren başka bir duygu olduğunu öğrendiniz. Bundan sonrası için gerisi size kalmış. Konunun başında da söylediğim gibi öfkenize bir soru sorun:

"Bu neyin öfkesi? Ve öfkelendiğim bu olayda aslında ne hissediyorum?"

Öfkenin insan hayatındaki olumlu ve olumsuz sonuçları

"Öfke gelir göz kararır; öfke gider yüz kızarır..."
—Atasözü

"HADİ CANIM SİZ DE! Öfke dediğiniz şey yakar, yıkar, kalp kırar. İnsanların birbirine bakacak yüzü kalmaz neredeyse! Öfkenin olumlu sonucu mu olur Mehtap Hanım?" diyenleri duyar gibi oluyorum.

Kitabı ilk sayfasından beri okuyan okuyucularımız ne demek istediğimi anlıyor sanırım. Öfke işe yarar, dedim ve size ne işlere yaradığını anlattım. Şimdi sıra geldi öfkenin sonuçlarını değerlendirmeye.

Hayattaki her kararımızın olumlu ve olumsuz sonucu olduğu gibi, öfkeli davranışlarınızın da olumlu ve olumsuz sonucu var. Dinamik terapiler ve bilinçdışı yapılanmalarınız açısından minik bir örnek vererek ne söylemek istediğimi anlatayım:

Genç bir bayan düşünün. Çevresinde kendisiyle evlenmek

isteyen bazı kişiler var. Kiminle evleneceği konusunda ise karar veremiyor. Oturup düşünüyor "Acaba eş olarak kimi seçsem?" diye. İki kişi arasında gidip geliyor. Birinci adayı seçse, falanca konularda şanslı olacak ama; filanca meselelerde sıkıntı yaşayabilecek. İkinci adayı seçse, yine bazı açılardan iyi olacak ama; diğer bazı nedenlerden dolayı tam istediğini bulamamış olacak. Her iki aday açısından da olumlu veya olumsuz sonuçlar olacak. İşte her konuda böyle çatışmalı anlar vardır. Hatta farklı bir örnek vererek konuya daha güzel bir açıklama getirelim:

Pasta yemek istersiniz. Pasta yemek isteyen yanınızı mutlu edersiniz; ama kilo almaktan korkan yanınızı üzmüş olursunuz.

Pasta yemek isteseniz de yemezsiniz. Yemek isteyen yanınızı üzerken, kilo almak istemeyen yanınızı sevindirmiş olursunuz.

Böylece sıradan bir pasta yeme meselesi gibi görünen bu durumla ilgili olumlu ve olumsuz sonuçlar açısından 4 farklı süreç yaşamış olursunuz:

(1) Pasta yemenin olumlu sonucu; sevdiğiniz bir yiyeceği yiyerek mutlu olmanızdır.

(2) Pasta yemenin olumsuz sonucu; gereksiz kalori yüklemesi yapmanızdır.

(3) Pasta yememenin olumlu sonucu; gereksiz kalori yüklemesi yapmamış olmanızdır.

(4) Pasta yememenin olumsuz sonucu; canınız o kadar çektiği halde, bu muhteşem çikolatalı pastayı mideye indirememiş olmanızdır.

Öfkede de durum böyledir. Günlük hayatta kendi öfkeli halimizi sevmeyiz, ama sinirli davranışlar sergilemekten de geri durmayız. İnsanoğlu istemediği halde aynı şeyleri neden yapar?

Çok kolay bir cevabı var bunun. Çünkü şikâyet etse bile,

yaptığı davranış mutlaka iç dünyasında 'bir işine' yarıyordur.

Psikolojide birincil fayda ve ikincil fayda denilen sistemler vardır. Herhangi bir davranışı yapıyorsanız ve doğrudan istediğiniz şekilde karşılığını alıyorsanız, birinci dereceden faydasını görüyorsunuz demektir. İşte bu birincil faydadır.

İkincil faydaya gelince, bir davranış sergilenir, karşılığında hoşa gitmeyen bir durumla karşılaşılır, yine de yapmaya devam edilir. Çünkü beklenmedik farklı bir işe yarar bu hoşa gitmeyen durum; doğrudan hedeflemediğiniz, gerçekleştiğinde çok memnun olacağınız bir sonuca. Bu duruma da ikincil fayda denir.

Örneğin, eşinizle aranız kötü. Defalarca size iyi davranmasını söylediniz. Nedense, inadınıza yapıyormuşçasına size saygısız davranmaya devam eder. Konuşursunuz, lakin konuşmanız ilişkinizi istediğiniz noktaya taşımaz. Yani davranışınız hedefine ulaşmaz! Bunun sonucunda bozulursunuz. Bu durumda da sizin için birincil fayda devreye girmez. Derken zaman geçer, hep aynı şey, hep aynı şey... Artık dayanamayıp sinirlenmeler, ağlamalar, üzülmeler başlar belki de. Hatta eşinizi endişelendirebilecek, sinir krizleriyle karışık bağırıp çağırma gibi davranışlar sergilemeye başlanır. Aslında siz bu halinizden hiç memnun değilsinizdir. Çünkü kendiniz gibi davranmadığınızı, eşinizin sizin güzelim davranışlarınızı değiştirdiğini, sizi saygısız bir kadın haline getirdiğini düşünürsünüz ve düşündükçe de moral bozuklukları devreye girer. Oysa bakarsınız ki, istemediğiniz bu haliniz devam eder, durur. İşte o hali devam ettirme nedeniniz, bilinçdışınızda gerçekleşen ikincil faydadır.

Evde kıyamet kopmaya başladığında eşiniz geri adım atıyor, bir süre size dikkatli davranıyor, alttan alıyor, başkalarının yanında kibarlaşıyor vs... Kendinize kızsanız da eşinizin o hali hoşunuza gider. Bir süre sonra, beyin, amacına ulaşmak için, benzer davranışlar sergilemenin yararlı olacağını hisseder. Ara geçiş nesneleri ortadan kalkar; güzel söyleme, anlatma, izah etme gibi. Doğrudan öfkeyle bağırmalar, sinir krizi geçirmeler devreye girer. Çok garip değil mi?

Bence de garip, ama yapılacak bir şey yok! Çocuklarınızın öfke patlamalarının nedeni bile bundan kaynaklıdır. İlk etapta normal yollardan hedefine ulaşamıyor; sonrasında bizden azar işittiği davranışlarıyla her istediğini eline geçiriyor.

Anlayacağınız bu tip özelliklerimizi hem besliyoruz, hem de öyle davranmayı istemiyoruz.

ÖFKENİN OLUMSUZ YANLARI

Her ne kadar öfke çok işe yarar gibi görünse de aslında insana çok zarar verir. En hafifinden erken yaşlanmaya, organların yıpranmasına, yüzün kırışmasına, sinir sisteminin dahi bozulmasına neden olur. Hatta kanser başta olmak üzere, pek çok sağlık sorununu yanında getiren faktörlerden biridir.

Öfke, sosyal ilişkilerimizi de altüst eder çoğu zaman. Toplum içindeki saygınlığı yitirmeye neden olur. Velhasıl öfkenin zararları saymakla bitmeyecek cinsten.

Bu noktada bakılacak olursa, "Öfkenin insan üzerindeki olumsuz yanları nelerdir?" diye sormalıyız kendimize. İşte bu doğrultuda, aşağıda, öfkenin insan üzerindeki olumsuz tesirlerinin bir kısmını sıraladık:

(1) *Öfkeyle birlikte vücudumuza stres yüklenir. Aşırı stres tüm iç organlarımıza zarar verir.*

Fiziksel, çevresel, sosyal stres vericiler insanın kendi kendini öfkelendirmesine neden olur. Fiziksel olarak adale geriliminde, kalp atma sayısında ve kan basıncında artış meydana gelir. Karamsarlık, endişe, unutkanlık, dikkat toparlayamama da bunlara eklenir.

Öfkenin insan üzerindeki olumsuz etkileriyle baş etmek son derece önemlidir. Stres faktörlerinizi yeterince kontrol altına almazsanız, öfkenizin artmasına neden olur.

Aslına bakarsanız burada sarmal döngü sözkonusu. Öfkeyle birlikte bünyeye yüklenen stres, sizi zayıf düşürür ve tahammül sınırlarınızı daraltır. Stres yüklenmekten dolayı öfkelenmeye başlarsınız. Öfke arttıkça vücuda yüklenen stres artar, stres arttıkça tahammül azalır, öfke artar vs. gibi. Bu zarar verici döngüyü ne yapıp edip kırmanız gerekir. En kolay hangisini yapabiliyorsanız, oraya iyi bir destek geliştirmelisiniz. Ya stres faktörlerinizi tek tek kontrol altına almaya çalışıp öfkeyi uzak tutacaksınız, ya da günlük öfkenizi kontrol altında tutmaya çalışıp stres faktörlerine yenik düşmemeyi başaracaksınız.

Bence ikisi de mümkün. Hatta ikisi aynı anda bile mümkün. Moral bozmak yok! Yola devam.

(2) *Günümüzde yaşanan pek çok hastalığın altında üzüntü, sinir ve öfkenin yattığı herkesçe bilinir. Başta da kanser olmak üzere sayısız hastalığa neden olur öfke.*

Öfke, insan bedeninde oluşturduğu olumsuz fiziksel baskılar nedeniyle, bünyeyi zayıf düşürür. Hayatı yolunda, keyfi yerinde insanların ciddi ve önemli rahatsızlıklar yaşamadığını; en tehlikeli hastalıkları üzüntülü ve gergin zamanlarımızda kucakladığımızı biliyorsunuz değil mi?

Yapılan tüm araştırmalar, öfke ve stresin hepimizi hasta ettiğini gösteriyor. Hatta Dünya Sağlık Örgütü'nün yaptığı 2012 yılı araştırmalarında Türk insanının 'öfke ve mutsuzlukta' dünya birincisi olduğu haberini aldık. Bu hiç hoş bir durum değil. Hastanelerin neden dolup taştığına, eczanelerde neden ilaç kuyruğuna girdiğimize göz atacak olursak, öfkeli ve mutsuz insanlar olduğumuz gerçeğiyle karşılaşırız.

İnsanoğlu yaşadığı müddetçe nice olayla karşılaşıyor. Unutmayın ki başınıza gelen en üzücü olay, sizi en çok kızdıran mesele, oraya yüklediğiniz anlamlarla alâkalı.

Öfke sizi öldürür. Çevrenizde, falanca meseleden dolayı çok öfkelenip kalp krizi geçiren insanlar görmüşsünüzdür. Oysa olaya daha sağduyulu yaklaşılsa, sorun ne kadar büyük olursa olsun, bizden daha küçük ve üstesinden gelinebilir olduğu hatırlansa, kimse öfkelenmeyecek ve anlık öfkelerin oluşturduğu kayıplar yaşanmayacak.

(3) *Öfke fizyolojik olarak vücudumuzda istenmeyen hormonsal tepkilere yol açar.*

Öfke testosteron, epinephrine, norepinephrine ve cortisol artışına sebep olur. Bunlardaki dengesiz artış vücudumuzda çeşitli organlarımızda ve fonksiyonlarında (kalp, tansiyon, damar, eklem, akciğer, kaslar gibi) ciddi sorunların gelişimine sebep olur. Ayrıca bağışıklık sistemimizi zayıflatıp vücudun hastalıklara karşı direncini de azaltır.

(4) *Öfke seviyemiz arttıkça, çevremizdeki insanların bize tolerans seviyesi düşer.*

Çevremizdeki insanlar öfkeli hallerimizde, çoğunlukla kendilerini korumak için bize karşı çeşitli pasif-agresif ve yok sayma gibi defanslar geliştirirler. Bu da öfkeye konu olan herhangi bir konuyu çözümsüzlüğe götürebilir. Oysa öfkelenmenize neden olan konu hakkında muhatabınızla konuşmayı başardığınızda göreceksiniz ki; insanlar da size karşı daha anlayışlı.

İnsan beyninde nöronlar vardır. Ayna nöron dediğimiz bu yapı 'taklit' sistemiyle çalışır. Siz kızgınsanız, karşınızdaki kişinin ayna nöronları sizi taklitleyerek sinirli davranır. Siz gülümsüyorsanız, karşınızdaki kişi de gülümser.

Öfkeli insanın en büyük şikâyetlerinden biri, herkesin üzerine üzerine geldiği hayalidir. Hayal, diyorum; çünkü bir insanın hayatındaki herkesin, istisnasız olarak aynı kişinin üzerine üzerine gitmesi sözkonusu olamaz.

Siz ayna nöronlarınızla tanışırsanız; kendi yüz şeklinize, davranışlarınıza, tepkilerinize ve müdahale şekillerinize dikkat ederseniz; muhataplarınız da sizden farklı davranmamaya başlar. Böylece öfkenizin başka insanları da öfkeli hale getirmesi gerçeğinden uzaklaşmaya başlamış olursunuz.

(5) *Öfkenin, karar üzerinde olumsuz tesiri vardır.*

Yaşamınız boyunca sonradan çok pişman olduğunuz kararlarınıza göz atın, o kararların çoğunu öfkeli olduğunuz anlarda verdiğinizi fark edeceksiniz. "Öfkeyle kalkan, zararlar oturur" misali, öfkenin en ciddi olumsuz sonuçlarından biri bu maddedir.

Öfkenin varolduğu yerlerde önemli kararlar vermemenizi tavsiye ediyoruz. Tüm psikolojik destek çalışmalarımızda biz de bu ilkeyi işletmeye gayret ediyoruz.

(6) *Öfkeli insanlar genelde kendilerini daha çaresiz hissederler.*

Öfkeli insanlar, ilk aşamada onları öfkelendiren olayı başkalarının çözmesini beklerler. Ancak bu beklentiyi öfkeyle dışa vurmaya başladıkça da, başkaları sorun çözmek yerine ondan uzaklaşmaya yönelir. Bu durumda kişi kendini daha yalnız ve çaresiz hisseder.

Hayatın inişleri-çıkışları vardır. Her insanın yolu bazen taşlık alanlardan, bazen kaygan zeminlerden, bazen can yakan dolambaçlardan geçiyor. İlişkiler üzerine gözlem yaptığınızda hissedersiniz, öfkeli ve burnundan soluyan arkadaşlarınızdan zaman içinde uzaklaştığınızı.

Kimse kimsenin derdini dinlemek istemiyor artık. Kimse kimsenin öfkesini tamponlayan, dengeleyen katalizör olmak da istemiyor. "Benim derdim bana yetiyor zaten, bir de milletin derdiyle hiç uğraşamam!" diyen kişi sayısında artış oluyor. Öfkelerinizi ve çözümlenmemiş sorunlarınızı daha profesyonel ortamlarda çözümlemeye gayret edip, ilişkilerinizde mutlu ve motive edici konulardan bahsetseniz herkes için daha iyi olur gibi geliyor bana. Böylece hem etrafınızdaki insanları kendinizden uzaklaştırmamış, hem de aynı olayı herkese anlatırken defalarca yaşayarak, yeniden zihninizde canlanmasına müsaade etmemiş olursunuz.

Ayrıca sizin olayı yaşama şekliniz ve tepkilerinizi ortaya koyma halinizin yüzde yüz anlaşılması mümkün değil. Siz etinizle, kemiğinizle olayın etkisi altındayken; karşınızdaki kişi olayın sığ yüzünden, farklı bir yerinden bakarak size hoşunuza gitmeyecek yorumlar yapabiliyor. Bu durumda zaten bir olan sıkıntı ve öfkeniz artıp, katlanıyor.

Ne gerek var biri bin etmeye! Mutluluk olsa artırdığınız, oh ne güzel. Ama öyle değil ki; sadece kendinizi üzüp kızdırıyorsunuz o kadar!

(7) *Öfkeli davranışlar, çeşitli sorunlara ve performans düşüklüğüne yol açabilir.*

Öfkenin en olumsuz yanlarından biri de budur. Kişi öfkesine odaklandığında, kendisini kızdıran, kışkırtan meselelere yoğunlaştığında, sorunu çözme kapasitesi azalır. Bir sorunla karşılaştığınızda öncelikli olarak iki soru gündeme gelir:

a. "Hay Allah, nereden çıktı bu şimdi?"

b. "Nasıl çözümleyebilirim?"

Siz hangi soruya odaklanmak istersiniz? Beyniniz odaklandığınız konuda üretim yapmaya başlıyor bile.

a şıkkına odaklandığınızda, o sorunun devreye girmesine

yardım eden ne kadar olumsuz duygunuz varsa hepsi beyninize hücum edecektir.

b şıkkına odaklandığınızda ise, o sorunun çözümüne ve sizden uzaklaştırılmasına yönelik tüm bilgiler zihninize hücum edecektir.

Hangisine odaklanmak istediğinize artık siz karar verin.

(8) *Öfkeli davranışlar sonucunda etraftaki arkadaş, eş ve yakınların uzaklaşacağından daha izole bir hayat yaşanır ve kendini yalnız hissetmek daha kaçınılmaz hale gelir.*

Öfkeli insan yalnızdır. Evinde o tek başına televizyon izlerken, ev halkı başka odalarda farklı işlerle uğraşır.

İş yerinde öğle yemeği saati geldiğinde, çevresinde birileri vardır ama, diğer masalarda olduğu gibi hoş sohbet sesleri yükselmiyordur.

Öfkeli insan neye, ne zaman, nasıl tepki vereceği belli olmayan tavırlarından dolayı yalnız kalmaya mahkûmdur. Etrafında birileri varsa bile, geçici nedenlerle oradadırlar. İlk fırsatta gideceklerdir.

(9) *Öfkeli insanların hayattan aldıkları zevk ve genel olarak hayat kaliteleri düşüktür.*

Böyle insanların, sosyal ortamların bir parçası olarak istenmedikleri için ve hayata bakış açıları hayattan zevk almayı azaltan olumsuz bir bakış açısı olduğu için, yaşam kaliteleri duygusal açıdan düşüktür.

Öfkeli insan, gittiği ortamlarda hızlı kızdığı ve sinirli tepkiler gösterdiği için, arkadaşları tarafından davet almamaya başlar. Yan masaya kızar, servisin yavaş gelmesine kızar, gittiği ev gezmesinde ev sahibinin falanca tavırlarına kızar... Kızar da kızar.

Bulunduğunuz ortamda sizi kızdıracak malzemeler bularak onlara odaklanmak, zaman içinde kişinin yaşam kalitesini düşürür. Denize gidecektir, kumlara kızar, gitmekten vazgeçer. Spora gidecektir, havuz öncesi duş alma şeklini beğenmediği kişilere kızar, onlarla tartışır veya dikkatsiz işletmeciye görevini hatırlatmaya çalışır, sinirlenir gitmez.

Günün birinde bakarsınız ki, öfkeniz sizi çeşitli sosyal ortamlardan bile koparmaya başlamış. İlginç ama, öfke kontrol eğitimi verdiğim danışanlarım ya gittikleri yerlerden memnun değillerdir, ya da etraftaki insanların davranışlarından. "Gidip sinir sahibi olacağıma, gitmem evimde otururum daha iyi" şeklinde bir savunma geliştirerek eve kapatıyorlar kendilerini. Sinemaya bile gönderemediğim danışanlarım var. Film bitince tam son sahne gelmeden insanlar kalkıp salonu terk ediyorlar ya. İşte o ana sinir oluyor. İçinden dışarı çıkan herkesi bir güzel pataklamak geliyor. Onları görüp sinir olacağına film izlemiyor. Böylesini daha iyi olarak düşünüyor. Anlayacağınız, bu cidden olumsuz bir sonuç!

Tabii öfke kontrolü eğitimlerinden sonra daha sosyal ve girişken olduklarını söylemeden geçmeyelim.

(10) *Öfke, genelde agresif davranışlar şeklinde ifade edilir.*

Agresif davranışlar; kişisel, sosyal ve işyerindeki ilişkilerinizi yıpratır. Başkalarının size düşmanca davranmasına yol açar. Bu durumda öfke oranı daha artacağı için kişi kendini bir kısır döngünün içinde hapsolmuş olarak bulur.

(11) *Yapılan öfkeli davranışların ardından insanlar pişmanlık yaşar.*

Öfkeliyken söylenilen her söz, farkında olmadan yapılan her davranış kişiyi üzer, utandırır. Vicdan azabı kendisini veya bizi yer bitirir. Öfkenin en belirgin, en olumsuz sonuçlarından biri, 'vicdan azabı'dır. Öfkeli davranış, ilk etapta çevreye zarar veriyormuş gibi görünse de uzun vadede kişinin kendisine zarar verir. Her gece yatağına yatan kişi, günün muhasebesini yaptığında, derin vicdan azaplarına gömülür. Uzun süren vicdan azapları, zaman içinde kişinin depresyona girmesine bile neden olabilir.

Olmadık bir nedenle, gereksiz öfke sergileyip çocuğunu dövdükten sonra pişman olmayan anne göreniniz var mı?

İş arkadaşlarına herkesin ortasında bağırdıktan sonra, yaptığına çok utanan, bu kişilerden nasıl af dileyeceğini bilemediği için kendi kendisini yiyip bitiren birine şahit olmadınız mı?

Evet; öfke, pişmanlıktır. Öfke, vicdan azabıdır. Öfke, uzayan vicdan azabı sonrasında gelen depresyondur.

Çözümü kolay. Öfkelenmeden önce bir durun.

İçinizden 10'a kadar sayın!

Hatta mümkünse mekân içinde 20-25 adım atın!

Ve adım atarken burnunuzdan içinize kocaman derin nefes çekerek hava alın!

Geri döndüğünüzde, canınızı sıkan duruma müdahale edin.

Uyguladığınızda, aklınıza ilk gelen müdahaleden daha yumuşak bir tepki koyduğunuzu göreceksiniz.

(12) *Kişiler öfkeli davrandıktan sonra genelde saygınlıklarını kaybederler.*

Konuşarak daha sakin yöntemlerle sorunlarını çözmek yerine, bağırıp çağıran, öfkesini dışarıya yansıtan insanlar toplum tarafından sevilmezler. Yüzlerine bir şey söylenmese de arkalarından olumsuz konuşmalar yapılır. Kişi zamanla, topluluk içindeki saygınlığını kaybeder.

İnsanların davranışlarını izliyorsunuz değil mi? Doğal olarak gözlem yapan herkes, çevresinde olup bitenleri bilir. İçimizde en fazla saygı gösterdiğimiz, davranışlarını beğendiğimiz kişiler, en stresli ve en karmaşık anlarda bile sükûnetini koruyarak, akılcı tavırlarıyla duruma el koyanlardır.

İstanbul beyefendisini İstanbul beyefendisi yapan, duruşundaki asalet, davranışlarındaki nezaket, sorunlu zamanlardaki beyefendi müdahalesidir. Öfkeli insanlar bile, en çok bu tip kişilere imrenir. Öyle olmak ister. Hepimiz öyle olmak isteriz. Eli belinde, kavgacı, "Ben hakkımı kimseye yedirmem" nidalarıyla ortalığı karıştıran kişileri seven var mı aranızda? Elbette yok. Saygın tavırlı, beyefendi/hanımefendi davranışlı olmak mümkün. İmrenerek olunmaz tabii. Çabalayarak olunur.

(13) *Aşırı öfkelenen insanlar; etrafındakileri gereğinden fazla kırdıklarını düşündükleri için, çoğunlukla geri adım atmak zorunda kalırlar.*

Önce bağırıp çağıran insanlar, sonra geri adım atmak zorunda kalırlar. Mesela, öfkesinden çocuğunu döven anneler, biraz sakinleştikten sonra çocuğuna gereğinden fazla sert davrandığını düşünüp özür dilerler. Evladının karşısında ağlar ve pişmanlık davranışları sergilerler.

Öfkeli bir insanın bu davranış şekli, dışarıdan bakıldığında o kişinin 'dengesiz' olarak algılanmasına neden olur. Bu durum öfkenin olumsuz sonuçlarından biridir. Önce kız, sinirlen, bağır çağır; sonra acayip pişman ol, git özür dile, sarıl, öp... İki uç davranışın, muntazaman tekrar edip durması; aynı kişide, aynı düzen içinde sürüp gitmesi, kişinin dengesiz algılanmasına neden olur. En iyisi öfkeyi kontrol etmek. Biraz sonra pişman olup, gidip yalvar yakar özür dileceğinizi bildiğiniz bir davranışı yapmamaya gayret ederseniz, bu garip duruma düşmemiş olursunuz.

Örneğin; "Şimdi bağırıp çağıracağım ama; acaba biraz sonra bu öfkelendiğim mesele benim için çok fazla önemli olacak mı?" diye düşünerek hareket etmeyi alışkanlık edinmek lazım. Ben şahsen yapıyorum. Çok işe yarıyor. Diyelim ki bir şey ters gitti ve sinirleniyorum içimden. Bu öfkeyi davranışa yansıtmadan önce, "Bir süre içinde düzelirse eğer, yaptığım fevrî davranıştan çok utanırım" diye düşünerek kendi iç frenime basıyorum. Sorun her neyse, çözümlenmesine yarayacak işleri hızla sıraya koyup uygulamaya başlıyorum. Bir iki basamak ilerleyince çözümleniyor. Böylece dış dünyamdaki insanlara, yıkıcı ve ilişkilerimizi bozucu bir tavır sergilememiş oluyorum.

Bu arada "Siniri içime attım" gibi bir durum yok. Dikkat ederseniz, çözüm yollarını bulup sıraladığım ve uygulamaya geçtiğim için, içime atılacak bir mesele de kalmıyor. Keyifli yöntem!

(14) *Aniden sinirlenip, pişmanlıkla geri adım atan kişiler; aynı zamanda kararsız görünürler.*

Ne zaman ne yapacağını bilmeyen, yaptığı herşeyden pişmanlık yaşayan, kendi kararlarının bile arkasında duramayan insanlar, kararsız kişiler olarak algılanırlar. Öfkeli kişiler; aniden karar alıp, o kararı sonradan değiştirme eğilimi yaşarlar. Örneğin; yukarıdaki bölümlerde nişanlı bir çiftimiz vardı: Filiz ve Gökhan.

Hatırlarsanız Filiz öfkeli davranışları nedeniyle 'öfke kontrol eğitimi' almaya gelmişti. Gökhan'la her tartıştığında sinirlenip, nişanı atıyordu. Öfkesi yatışınca da arayıp özür diliyor, bir anlık öfkesine yenildiğini söylüyor, onsuz bir hayatı yaşamanın kendisi için imkânsız olduğunu söyleyerek Gökhan'ın gönlünü almaya çalışıyordu.

Bu git-geller ikisini yormuştu zaman içinde. Filiz'in anlık durumlara endeksli öfkesi ve öfkesine endeksli iki uçlu kararları, Gökhan'ı yormuştu. "Ya ayrıl ya da evlen benimle. Bir git, bir gel. Olmaz öyle şey..."

Tahmin edeceğiniz gibi, bu kararsız haller ilerledikçe, neyi ne zaman yapacağı belli olmayan dengesiz kişilik algısının oluşması kaçınılmaz.

(15) *Öfke aynı zamanda insanlara zaman kaybettirir.*

Bitirmeye çalışılan bir işte, yetiştirmeye çalıştırılan faaliyetlerde, yolunda gitmeyenler için o öfke doğrudan zaman kaybına neden olur. Sinirlenip, oflayıp poflayan, etrafla kavga edip zaman kaybına meydan veren kişi bunun yerine farklı işler yapabilir, sorumluluklarını yerine getirebilir.

Hayat çok kısa, yapılacak iş çok, vakit ise oldukça az. Zamanımız bu kadar kıymetliyken neden bizi geliştirecek, daha iyi noktalara getirecek, iç mutluluğumuzu artıracak kaliteli işlere zaman ayırmayalım?

(16) *Öfkeli insanlar, çevrelerindeki diğer kişilerden duygusal ceza alırlar.*

Öfkeli insanlarla genellikle konuşulmaz, onlara suratlar asılır ve yakın ilişkilerden uzaklaştırılırlar. Bir ortama girdiklerinde, öfkelenecekleri düşüncesiyle onlarla gerçek duygular konuşulmaz. Üstünkörü sohbetlerin içinde yer alırlar. Samimiyeti artırıcı paylaşımlardan istifade edemezler.

(17) *Tahrik ve suçluluk duygusuna karşı geliştirilen öfke, zamanla tamamen saldırgan davranışlara dönebilir.*

Öfkeli kişide; bağırma, ses tonu yükseltme davranışları bir süre sonra karşılıklı saldırganlığa, hırpalamaya, dayak içerikli davranışlara dönüşen bir hale bürünür. Üstelik nasıl olduğu bile anlaşılmadan. Çünkü öfke ve saldırganlık arasında öğrenilmiş bir bağ bulunur.

Öfke, saldırganlığa dönmeye başladığı andan itibaren masumiyetini yitirir. Öfkenin, normal ve sağlıklı bir duygu olduğunu söyleyip duruyorum. Fakat saldırganlık masum değildir. Öğrenilmiştir ama, içgüdülerden ve ötekine zarar verme duygusundan gelir. Saldırganlık; kişinin kendi düşünce ve davranışlarını, zorla karşısındakine benimsetmeye çalışması, başka bireylere ve nesnelere yönelik yok edici bir davranış biçimi şeklinde tanımlanır. Gereksiz yere öfkelenip duran ve bu öfkeyi rehabilite etmeyi bilmeyen kişi, saldırganlaşmaya başlayabilir. Çünkü uzun süren öfkeli duygular, bireyleri tetiklemeye devam ederse saldırganlık başlar. Saldırganlık devreye girince, ilişkiler sorunlu hale gelir.

Öfkesinin saldırgan hal aldığını düşünen herkesin mutlaka profesyonel yardım alması gerekir. Kimsenin kimseyi incitmeye hakkı olmadığı gibi, kişinin saldırgan tutumlarıyla sosyal bir varlık olan kendisini de yalnızlaştırmaya hakkı yoktur.

(18) *Öfke, gerginlik ve kızgınlık oluştursa da maalesef halkımız öfkeye karşı duyarlıdır.*

Öfkeye karşı gösterilen hassasiyet; içinde bulunulan durumun kavranmasına, etkili çözümler geliştirilmesine yardımcı olur. Örneğin projenizi bitirmezseniz işten atılacağınızı öğrendiğinizde öfkelenirsiniz.

Siz isterseniz öfkenin bu olumsuz sonucunu kendi lehinize çevirebilirsiniz. Şöyle ki; öfkenin tetiklediği kızgınlık ve çaresizlik, acil durum sinyali vererek, daha önce hiç aklınıza gelmeyen çözümler üretmenize yardım edebilir. Öyle bir proje çıkarırsınız ki ortaya, siz bile kendi performansınıza hayran kalırsınız. Anlayacağınız, öfkenin her olumsuz sonucu, istenilirse iyi bir şansa çevrilebilir.

(19) *Öfke kişide tıkanma, tıkanmışlık duygusunun oluşmasına neden olur.*

Öfkenin olmadığı anlarda sağlıklı düşünme süreçleri harekete geçer. Öfke anı geldiğinde kişi sağlıklı düşünemez, üretici olamaz. Öfke anlarında birbirini takip eden hatalar yapar. Başka bir kişinin kolaylıkla atlatabileceği meselelerde bile tıkanıp kalır. Çevresiyle durumu paylaştığında, konuyla alâkalı sayısız çözüm önerisi duyar. Bu kadar çok çözümün olabileceği aklına dahi gelmediği için kendisine kızar, durur.

Oysa öfke olmasa, tıkanmışlık süreci yaşanmaz. Zihniniz, işinize yarayacak pek çok yöntem üretir. Siz, öfkelenmenize neden olan olayın, aslında birbirinden farklı birçok çözümü olduğunu düşünerek, kendinizi bu tıkanmışlık duygusundan uzak tutabilirsiniz.

Genellikle sorun bir tanedir, fakat o sorunun çözümü çeşit çeşittir. Ah, bu gerçekle herkes bir tanışsa!..

ÖFKENİN OLUMLU YANLARI

Her ne kadar şikâyet edersek edelim öfkenin olumlu yanları olduğunu söylemiştim. Cidden öyle, maalesef öfke insanın işine de yarıyor kimi zaman! Dozunda ve tarzı iyi ayarlanmış öfke; işimize yarar, ancak burada 'maalesef' dememizdeki kasıt onu raydan çıkarmamak. Unutmamalısınız ki; hırçın ve raydan çıkmış öfkedeki faydaların tümü geçici amaçlara hizmet ediyor. Kişi ilk etapta öfkeyi işe yarıyormuş gibi görse de, sonrasında öfkenin o olumsuz yanlarından zarar görmeye başlıyor.

Öfkeyle baş etmeye başlamanın ilk koşullarından biri, öfkenin ne işe yaradığını bilmektir aslında. Günlük hayatımızda öfke ne işimize yarıyor, bir göz atmalıyız. Hizmet ettiği alanı çok iyi tespit etmeliyiz. Böylece öfkeyle çözebildiğimiz durumların yerine, öfkelenmeden daha akılcı-makul yöntemlerle müdahale edebiliriz.

Dilerseniz bir göz atalım; şu öfke denilen 'sinir' durum geçici de olsa ne işimize yarıyor? Gün içinde bize hangi alanlarda ve ne şekilde hizmet ediyor?

(1) *Öfke insanı harekete geçiren bir güçtür!*

Bu noktada şunları hatırlatmakta fayda olduğunu düşünüyorum. İnsan hayatında öfke, 'uyarıcı' bir konumundadır. Aynı zamanda öfkenin en belirgin özelliği de, davranışlardaki enerjiyi artırmasıdır. Enerji artıran bu etki kişinin uyarılmasına ve haksızlığa uğramasına engel olur. Örneğin, patronu tarafından haksız yere azarlandığını düşünen kişi, normalde hakkını arayamazken; ani gelişen öfkesiyle gemileri yakabilir ve patronunun karşısına çıkarak, yapılan haksızlığı bertaraf edebilir. Bu durum öfkenin itici, harekete geçirici güç olması anlamına geliyor.

Kişi özgüven sahibi olsa, kendisini yeterince ifade edebilse, yapılan haksızlığa karşı gerekli doğru davranışı sergileyebilir. Fakat sıkışmışlığı içinde daralınca dayanamıyor ve öfkeleniyor, öfkenin etkisiyle hakkını savunabiliyor. Oysa kendisiyle barışık ve özgüven sahibi insanların, haklarını aramak için öfkeye ihtiyacı olmaz.

Son zamanlarda hakkınızı aradığınız, işinizi yoluna koyduğunuz davranışların altında öfke kaynaklarınızı buluyorsanız kendinize dikkat etmenin tam zamanı. Çünkü hayatınızın bazı yerlerinde, nadiren işinize yarayan bu sistem, son zamanlarda artış göstermiş, gereğinden fazla işinize yaramaya başlamışsa, özgüveniniz ve sağlıklı ilişki yollarınız riske girmeye başlamıştır.

Sinirli olmayan, insanlarla iyi geçinen sevimli kişiler de hakkını kimseye yedirmez merak etmeyin! Hatta güler yüzlü, tatlı dilli, espri yeteneği gelişmiş kişiler daha başarılıdır bu gibi durumlarda. Başınıza gelen bir sorunda sinirlenip, öfkenizi kabartacak kışkırtıcılarla olaya el atacağınıza; kendi kendinize yapacağınız minik tatlı esprilerle hakkınızı aramaya gidersiniz.

"Sen kimsin de bana böyle davranıyorsun? Senin karşında kim var biliyor musun?" diye düşünüp öfkeyle olaya el atacağınıza, "Ah ah, benim gibi cici bir insana yapılır mı bu? Bana haksızlık yapan insan önce kendisi üzülür bu tatlı Mehtap'ı üzdüm diye. Dur gidip durumu düzelteyim de adamcağız gece rahat uyusun. Yoksa kâbus falan görür yahu! Yapılır mı bana haksızlık!.." gibi daha espritüel, daha keyifli bir ifadeyle hakkınızı arayabilirsiniz.

Nasrettin Hoca boşuna mı "Ye kürküm ye" demiş. Öfkesinden yola çıkarak hakkını aramaya kalksaydı ne derdi sizce?

"Siz ne kadar şan, şöhret ve para meraklısı insanlarsınız! İnsana değil, onun variyetine değer veriyorsunuz. Şimdi de ben yemiyorum ikramlarınızdan. Sizin gibi sahte değerlere yatırım yapan insanların arasına girilmez zaten. Bundan sonra beni ne arayın, ne de sorun. Sizinle aramızdaki her türlü ilişkiye son veriyorum!" derdi, insanların haddini bildirmenin ve hakkını aramanın verdiği mutlulukla (!) ve aralarından ayrılır, giderdi. İyi ki öyle yapmamış değil mi? Aklı ve kıvrak zekâsıyla hepimize örnek olmuş.

(2) *Öfkeli insan geçici bir süre kendisini iyi hissediyor.*

Öfkenin kısa vadedeki olumlu sonuçlarından biridir bu. Ağzına geleni söylediği veya kendini ezdirmediğini düşündüğü için rahatlar kişi. Geçici bir süre kendini inanılmaz rahat hisseder. Hatta yakın çevresindeki kişilere anlatıp, yaptığı bu öfkeli müdahaleyi onaylatmaya çalışır. Anadolu tabiriyle; kuş gibi hafifler.

Ama hiç heveslenmeyin; bu geçici bir rahatlıktır. Çünkü öfkesi geçince üzülüp, yaptığı taşkın davranışlardan dolayı kendini suçlamaya başlaması an meselesi olur çoğunlukla. Yukarıda da bahsetmiştim, burada 'vicdan azabı' devreye girer. Kısa vadede işe yarıyormuş gibi görünen bu madde, uzun vadede can sıkmaya başlar. Siz iyisi mi kendinize dikkat edin. Anlık rahatlamaya değil, ömürlük mutluluğa yatırım yapın!

(3) *Öfke pek çok kez arkadaşlar arasında prestij davranışı olarak kullanılıyor.*

Yaşanan bir olayın ardından etrafa öfkeyle bağıran kişi, günümüz sosyal ilişkilerinde 'havalı kişi' olarak algılanıyor maalesef. Öfkeli patron daha bir lider zanneder kendisini, öfkeli koca daha erkek, öfkeli öğretmen daha iyi eğitimci, öfkeli genç daha yetişkin vs. gibi...

Ancak aklı başında her insan, bağırıp çağırmanın, etrafa sert hareketler fırlatmanın saygısızlık ve özgüven sorunu olduğunu bilir! Havalı görünmenin farklı yollarını denemek lazım. Kibar olmak da çok havalıdır, güzel konuşmak da. Sırf havalı olacağım diye sinir küpü görünmeye gerek yok; benden söylemesi.

(4) *Yavaşlayan tempoyu artırır!*

Bitirmeniz gereken işle ilgili olumsuz bir tavır görmüşseniz, öfkelenirsiniz. Bir bakmışsınız ki itici güç olmayla birleşmiş ve temponuz artmaya başlamış. Derken, hop işler yoluna giriyor. Bitmeyen işler bitiyor. Tamamlanmayan dosyalar toparlanıyor. Pişmeyen yemekler hazırlanıyor. Oysa öfkenin dışında farklı motivasyonlarla kendinizi harekete geçirebilirsiniz. Öfkeden başka yol yok mu işinizi gücünüzü bitireceğiniz? Elbette var.

Şu an benim yaptığım gibi, bitirmek istediğiniz işin arkasına, duygusal bir hediye düşünürsünüz kendiniz için. Mesela yoğun bir işle uğraşan bir arkadaşım, yeğenleriyle sinemaya gidip, koca bir gün eğleneceğini düşünür ve kendini rahatlatır. Bunun da kendisini inanılmaz motive ettiğini söyler.

Sizi de havaya sokacak, günlük işlerinizi hızlandırmanıza vesile olacak kendinize göre hareketlendiricileriniz mutlaka vardır. Düşünüp bunu eyleme geçirmeniz yeterli.

(5) *Uzmanlar bilir ki; öfke, kişinin kendi kendisine kızdığı ve çoğunlukla bununla yüzleşemediği bir yerdir.*

Başkalarına öfkelenmek, kısa vadede kendimizden kaçmaktır aslında. Dolayısıyla birilerine öfkelendiğimizde, kendimizdekine öfkelenmeye gerek kalmaz. Öfkenin olumlu sonuçları açısından düşünüldüğünde bu madde çok ilginç gelir bana. Hatta öfke kontrol eğitimleri verirken, öfkenin olumlu sonuçları başlığının en ilginç bilgisi bu madde oluyor.

Annenizin falanca hareketine çok kızar, öfkelenirsiniz. Ama aslında bilinçdışımızın derinliklerine inersek, kendimizde yolculuk yapmaya başlarsak görürüz ki, o davranışı annemizden devralmışızdır. Sanki anneniz o hareketi yapmazsa sizin geleceğiniz de kurtulacak gibi hissedersiniz. "Ben kendimdekini kontrol edemeyecek olsam bile, annem kendindekini kontrol etsin ki rahat edeyim. Nasılsa dönüp dolaşıp annem gibi olacağım. O ne kadar düzgün olursa, ileride ben de o kadar düzgün olacağım" kaygısı, ilk insandan beri kimde yok ki?

Demek ki kendinizle yüzleşemediğiniz alışkanlıklarınızla, başkalarının davranışlarına kızarak baş etmeye çalışırsınız. Bu madde en fazla yakın ilişkilerde kendisini gösteriyor. Annenizin, sıradan olaylara üzülüp tansiyonunun çıkmasına sinir olursunuz. "Yaa böyle değer verilmeyecek konular yüzünden tansiyonunu fırlatıyorsun. Niye üzülüyorsun ki? Üzme kendini şu dengesiz insanlar için!" diye annenize bağırırsınız. Onun bu huyu sizi çileden çıkarır. Daha rahat, daha vurdumduymaz olmasını istersiniz. Anneniz bu özellikleri taşımadıkça ona olan öfkeniz artar, "Eğer bu tarla davası ve saçmalıklar yüzünden ölürsen arkandan ağlamayacağım bile, bu ne ya! Dayım gibi bir adam için kendini üzüyorsun hâlâ!" bile dersiniz.

Bilmelisiniz ki, kişiyi tatlı dille uyarmanız ve uyarılarınızda durumu anlatmanız yeterli. Kişinin kendi duygu dünyasında ne yaşadığı, o kişilere yüklediği anlam onu ilgilendirir, sizi değil! Dolayısıyla sizin sadece hatırlatıcı/uyarıcı olmanız yeterlidir.

Öfkenizin sebebi ileride ona benzeyecek olmanızdan kaynaklanan kaygıdır. Çünkü başka konularda da; "Yaa var ya, ben tıpatıp anneme benziyorum. İleride onun hastalıklarının hepsi bende olur kesin!" dersiniz.

O halde, en yakınlarınızın kendi duygu dünyalarını ilgilendiren meselelere kızacak olursanız, bu madde mutlaka aklınıza gelsin. Daha az kızdığınızı fark edeceksiniz. *Bu anlamdaki her öfke, karşıya değil; engelleyemediğiniz ona benzeme sürecinedir.*

(6) *Öfke; sağlıklı, dile veya söze dayalı iletişimin kurulamadığı yerde çok işe yarar!*

Birçok kişi; kendini sözel olarak ifade edemediğinde, dil iletişimi yeterli olmadığında, karşısındakini sözcüklerle ikna edemediğinde, davranışsal olarak saldırganlığı seçer. Kelimenin, dilin, sözün bittiği yerde başlar öfke. Herkes bilir bunu. Hatta çoğu zaman yaşar bu durumu. İnsanlar, öbür insana diliyle bir şey anlatamadığı zaman kızar, sinirlenir ve patlar.

Oysa anlık durumu çözüyormuş gibi görünse de, o anki anlaşmazlığı giderdiği zannedilse de uzun vadede yıkıcı olur öfke. Zamanla kelimeleri yok eder. Surat asmakla, olumsuz kelimeleri seçmekle geçer hayat âdeta. Geriye dönüp baktığınızda ise avuçlarınızda iletişimden fazla bir şey kalmadığını görürsünüz.

(7) *Öfke kişiyi anlık rahatlatan iyi bir savunma mekanizmasıdır!*

Öfke hali, herhangi bir durumda oluşan tedirginliği ortadan kaldırır. "Sen kendine bak, sensin suçlu" der gibi hissettirir. Şöyle örnekleyelim:

İş yerinizde olduğunuzu düşünün. Daha önce farklı firmalarda çalışmanıza rağmen, işinizin ehli sayılabilecek düzeyde tecrübe birikimiyle dolusunuz. Elinize verilen çalışma dosyalarının çoğunu takım arkadaşlarınızdan önce bitiriyorsunuz.

Sektöre yeni gelmiş olmanıza rağmen başarı grafiğinizdeki bu dikkat çekici yükselişiniz, sizinle benzer branşlarda, ama sizin üstünüz konumunda olan diğer müdür arkadaşlarınızı rahatsız ediyor. Sizi kendilerine alternatif olarak algılıyorlar sanki. Bu rahatsızlığın farkındasınız. İlk haftadan beri hissettiğiniz olumsuz yaklaşımların giderek can yakıcı mobbinge dönüşmesini üzülerek izliyorsunuz.

Durumunuzu anlatıp destek alabileceğiniz daha üst birim yok. Zaten aralarında anlaşmazlık ve tartışma yaşayan iki müdür için çalışıyorsunuz. Kimi kime şikâyet edeceksiniz? Yaşadığınız hangi sorunu onlara ileterek durumun kontrol altına alınmasını sağlayacaksınız? Özetle; zor durumdasınız. İstediğiniz tek şey, işinizi doğru olarak yapmak, bu duygusal terör davranışlarının arasında yaşamsal dengenizi yitirmemek.

Hafta başında birinci müdürün verdiği işleri itinayla tamamlıyorsunuz. Dosyalarınızı teslim etmeye gittiğinizde; iki müdürün kendi arasındaki çatışmanın tam ortasında buluyorsunuz kendinizi. Çünkü ikinci müdürünüz size üç gün önce verdiği dosyanın öncelikli olduğunu, elinizde tamamlanan işten önce onunla ilgilenmeniz gerektiğini hatırlatıyor. Bu durum birinci müdürünüzü memnun ediyor; zira elinizde onun verdiği görev dosyası tamamlanmış olarak duruyor.

İki müdür arasında geçen tartışmanın ortasında odaya girip dosya verdiğinizi nihayet fark ediyorsunuz. Bozuntuya vermeden dışarı çıkmak istiyorsunuz. Lakin ikisi aynı anda en az iki gününüzü alacak rapor istiyor. Ve öncelikle kendi işlerinin yapılmasını emrediyor.

Sırayla müdürlerin yüzüne bakıyorsunuz. "Önce hanginizin verdiği işi yapacağım? Aynı anda iki işi yapamam. Öncelik sırasını nasıl belirlememi istersiniz?" diyorsunuz kibarca.

İki müdür aynı anda, "Tabii ki benim verdiğim görev önce. Acelemiz var!" diyor.

Mobbingi ayak parmaklarınızın ucuna kadar hissediyorsunuz. Bu yük, bu ezicilik, bu travma, bu iki arada bir derede bırakılış, işini beceremeyen beceriksiz eleman durumuna düşürülme hissi!

Kişisel gelişim eğitimleriniz ve problem çözme becerileriniz devreye giriyor. Tatlı bir ifadeyle:

"Aman sevgili müdürlerim. Her iki iş de çok önemli biliyorum. Ama benim yetkim ve tecrübelerim hangisinin daha önce bitirileceğine karar vermeye uygun değil. Siz nasıl uygun görürseniz ona göre hazırlayacağım raporları" diyorsunuz.

Birinci müdür; "Artık o senin zekâ ve işine verdiğin önemle alâkalı. Sen karar ver kimin işini daha önce yapacağını. Ama dikkatli ol, verdiğin kararın bedelini ödeyeceğini unutma" diyor.

İkinci müdür, birinci müdürün bu söyleminden rahatsız oluyor. Sizin baskı altına alındığınızı, kendisinin saf dışı bırakılacağını düşünerek, kendi tehdidini ekliyor:

"Aaa, evet! Sen karar ver. Benim işim acil, o kadarını söylüyorum. Gerisini sen düşün!"

Odadan dışarı çıkıyorsunuz. Aklınızdan neler geçiyor kimbilir!

Düşünceler... Düşünceler...

Koridorda aniden duruyorsunuz. Hızlı giden adımlarınız kendiliğinden kesiliyor. Hızla geriye doğru dönüyorsunuz ve biraz önce çıktığınız odanın kapısını çalmadan açarak:

"İstifa ediyorum. Ne haliniz varsa görün. Nedir bu yaşananlar, koskocaman müdür adamlarsınız, utanmıyor musunuz böyle çocuk gibi davranmaya? Karnımı siz doyurmuyorsunuz ya benim. Nerede olsa para kazanırım. Ohh bee! Canımdan bezdirdiniz geldiğim günden beri" diyerek, her iki müdürün şaşkın bakışları arasında kapıyı çarpıp, çıkıp gidiyorsunuz.

Teknik olarak düşünecek olunursa kendi açınızdan haklısınız.

Birbiriyle yakın rekabet halinde olan iki ayrı müdür. Gittiğiniz günden beri sizin ve çalışma politikalarınızın üst düzey yöneticileriniz tarafından takdirle karşılanması nedeniyle kıskançlık yaşayan kocaman insanlar!

Bu iki insanın hem kendi aralarındaki rekabeti, hem de sizin başarı grafiğinizin onların genel müdürlük hayallerini suya düşürme ihtimali. Tedirginsiniz ve kendinizi korumak için öfkeye başvuruyorsunuz. Başlangıçta bozuntuya vermeden pasif-agresif tutum içinde suratınızı asarak, tedirginliğinizi ve rahatsızlığınızı bertaraf etmek için öfkenizden yardım alıyorsunuz.

Sonuç?

İçinizde biriktirdiğiniz olumsuz duyguların etkisiyle bağırıyorsunuz. Geçici bir rahatlama elde ediyorsunuz. Ardından zaman zaman aklınızdan geçen çözümü devreye sokuyorsunuz. İstifa ediyorsunuz ve işsiz kalıyorsunuz.

Kendinizi korumak ve tedirginliğinizi uzaklaştırmak için açıktan öfkeli davranış sergiliyorsunuz. Müdürlerin birbirine ve size yaptığı öfkeyi taklit ederek kendinize zarar veriyorsunuz.

Peki, ne yapacaksınız?

Öncelikle bilmelisiniz ki, o cephe sizin cepheniz değil. Siz iki düşman bakışın savaş alanında çalışmak zorunda olan kişisiniz. Sizin yerinizde kim olsa aynı şeyi yapar. Çünkü onların arasında güç mücadelesi var. Sizi kendi cephelerine çekerek, onlarla savaşmanızı sağladılar. Siz de bir anlamda oyuna geldiniz ve ortak amaçlarına ulaşmalarını sağladınız. Yani işten ayrıldınız. Genel müdürlük yolundaki savaşlarında sizi aradan çıkarmalarına yardımcı oldunuz.

İstifa etmeyebilirdiniz. Ve ikinci günün sonunda her ikisinin istediği raporların birici kısımlarını hazırlayarak masalarına bırakırdınız.

"Aynı anda, aynı günde bitmesi gereken iki iş verdiniz. Her ikiniz de benim müdürümsünüz. Aranızdaki durumun ne olduğunu bilmiyorum, ama aklıma gelen en iyi yöntemi uyguladım, her ikinizin raporları için de emek verdim. Yarın tamamlanmış olan ikinci kısımlarını da masanıza getireceğim" diyebilirdiniz.

Unutmayın ki, keskin sirke lezzetlidir, ama uzun vadede küpüne sarar.

İnsanoğlu bu! Duyguları hep bir endişeden dolayı kabarır. Aslında kişiler, endişeyi giderecek doğru yollar bulursa, öfke haline gerek kalmaz. Yeter ki bulunmak istensin!

(8) *Sağlıklı ve olumlu şekilde yaşandığında öfke, diğer insanlara kırmızı çizgilerimiz hakkında fikir verir!*

İnsanlar sınırlarımızı ihlal ettiğinde, hoşumuza gitmeyen teklifler yaptığında, dozunda yaşanan öfke 'dur' işaretimiz olur. Tavrımızdan rahatsız olduğumuzu anlayan karşı taraf durur. Böylece kırmızı çizgimizi sağlıklı öfkemizle korumuş oluruz.

Halbuki, muhataplarınıza tatlı, ama yaptırımcı konuşma tarzınızla da dur diyebilirsiniz. Kızıp sinirlenmeye gerek kalmadan, bu işin gittiği yerin hiç de iyi olmadığını hatırlatarak, ciddi bir tavırla kırmızı çizginizi hatırlatmanız gayet normaldir. Öfkesiz ve stressiz üstelik.

(9) *Öfke hali, sağlıklı yaşandığında, kişinin kendisine saygı oluşturmasına yardımcı olur.*

Öfke hali, inanılan doğruların korunmasına, bilinen prensiplerin yaşanmasına fayda sağlar. Bağırarak, çağırarak değil tabii ki. Ama aşırıya kaçmayan kendinden emin tavır her zaman için daha fazla işe yarar. Çünkü ilkelerinizi yaşamanıza vesile olan öfkeniz değil, taşıdığınız değerlerin sizi vakarlı hale getirmesidir. Bireyleri etkileme gücünüz varsa, öfkeye gerek kalmadan saygı oluşturmanız mümkündür.

(10) *Öfke, kişinin kendisine güvenmesini sağlar.*

Tabii ki dozunda yaşandığında geçerlidir bu. Başkalarının düşüncelerini kontrol altına almaya çalışmasına veya kişiyi doğru bilinen konulardan uzaklaştırmasına engel olur. Kişinin tarzı ve üslubu burada da 'dur' komutu verir. Ancak kendinize güven sağlamak için ipin ucunu kaçırdığınızda dengesiz görüntüler, garip tecrübeler devreye girer.

Gerçek özgüvenin öfkeli tavırlarda değil, yürekte olduğunu bilmek önemlidir. Dünya üzerinde öfkeli liderler de olmuştur tarih boyunca, öfkeden zerre nasibini almamış ama aklı başında kişiler de.

Özetle; öfkenin kısa vadede olumlu sonuçları olsa da, dikkatli davranarak uzun vadede olumsuz sonuçlara dönüşmesine izin vermemeniz gerekir. Ayrıca unutmamalısınız ki; öfkenin sıralayıp durduğum olumlu sonuçlarına rağmen, olumsuz sonuçları daha fazladır. Bu da demek oluyor ki; öfkenin yıkıcı yanlarından ne kadar uzak durursak, onu ne kadar kontrol altında tutarsak o kadar kârdayız.

Öfkenin türleri

"Öfkenin ateşi önce sahibini yakar, sonra kıvılcımı düşmanına ya varır, ya varmaz."
—Sadi

KAFA KARIŞIKLIĞINA MEYDAN verilsin istemem, ancak öfkeyle ilgili genel bir şablonunun zihinlere oturması gereklidir. Bu noktada öfke türlerinin olup olmadığı akıllara gelebilir. Evet, öfkenin türleri vardır. Pekâlâ, öfkelendiğinizde ne tür bir öfkeye yakalandığınızı bilmek ve davranışlarınız hakkında fikir sahibi olup, öfkenizi kontrol etmek istemez misiniz?

Öfkenin çeşitleri nedir, diye inceleyecek olursanız, değişik kaynaklarda farklı şekillerde türlere ayrıldığını görürsünüz. Ben ortalama kabul gören aşağıdaki öfke türlerini sizlerle paylaşmak istedim. İşte sizler için hazırladıklarım:

(1) *Maskelenmiş öfke çeşitleri*

a. Pasif-agresif öfke: Bu tip öfke, pasif-agresif şekilde insanları kırıcı olarak ifade edilir. Bu öfke hoşa gitmeyen durum yaşandığında surat asmak, küsmek, bozularak odadan dışarıya çıkmak şeklinde yaşanır. Anadolu tipi kadında çok rastlanır bu öfke türüne.

Genel itibarıyla bu öfkeyi yaşayan kişiler sessiz olurlar. Sorun yaşadıklarında içlerine atarlar. Açıktan kızıp bağıramazlar. Fakat dayanamadıklarında, sessiz itiraz davranışları sergilerler. Eve geç gelen ve sinirli kocasına surat asan bayan gibi. Koca sinirli, bir şey söylese suç olacak ve cesareti yok. Surat asarak canının sıkkın olduğunu ona hissettirir.

Sonuçları itibarıyla, dolaylı şekilde insanları öfkeleri yüzünden kıran kişiler; anlaşılmamaya ve yalnızlığa mahkûmdurlar. Çünkü herşeyi içlerine atar ve kimseyle bir şeylerini paylaşmazlar. Anlaşılmaya yönelik sözel iletişimi kullanamazlar.

b. Kendine yöneltilen öfke: Bu tip öfkede, insanlar önce hayatlarında yanlış giden şeylerden dolayı kendilerini adil olmayan biçimde suçlamaya, kendilerini değersiz bulmaya, kendilerine karşı atakta bulunmaya ve en son olarak da kendilerine zarar vermeye ve yok etmeye yönelik eylemlere girişirler. Depresyon ve anksiyete ile ilgili bir sürü rahatsızlık bu tip bir öfkenin sonucu olarak ortaya çıkar.

Ülkemizde bu agresyonu kullanan çok sayıda kişiye rastlıyoruz. Bu kişiler genel anlamda kendilerini ifade edemedikleri için herşeyi iç dünyalarında yaşarlar. Büyütülürken çok eleştirildikleri, çok tenkit gördükleri için özgüven sorunu yaşarlar. Olaylarla ilgili canları sıkıldığında hep içlerine atarlar. Üzerine bir de kendilerini suçlarlar. "Benim yüzümden oldu" veya "Ben öyle yapmasaydım, işler bu hale gelmezdi," "Ben ne işe yarıyorum ki zaten" gibi...

Sorunlarını kimselerle paylaşmadıkları halde, kendilerini de suçlamaya başlamaları, çoğu defa kaçınılmaz bir depresyona sebep olur.

(2) *Patlayıcı öfke çeşitleri:*

a. Ani öfke: Bu tip öfke, kişilerin tamamen kontrolden çıkmasına yol açar. Hayatın zorluklarına ve hayatlarının her zaman istedikleri gibi gitmemesine tahammül ve sabır seviyeleri az insanlarda ortaya çıkan bir öfke biçimidir.

Bu tip öfke halini yaşayan insanların genel hayattaki stres seviyeleri de yüksektir. Çevresindeki insanları ani bir biçimde kırdıklarından dolayı yakınları bu kişilerin yanlarında kendilerini rahatta ve güvende hissedemezler.

Ülkemiz erkeklerinde çokça rastladığımız öfke biçimidir bu. Hatta bu tip kişiler, 'sabun alevi' gibi diye tanımlarlar kendilerini. Aniden kızıp bağırdıkları, ama ardından hemen yatıştıkları için bu öfkenin kimseye zarar vermediğini düşünürler. Oysa ev halkını veya arkadaş çevresini baskılarlar. Bir süre sonra bu kişilerle yaşamak güçleşir.

Diyelim ki evin babasının böyle bir öfkesi var. Çocuklar ya odalarında geçirirler zamanı veya aynı odada otursalar bile kimsenin ağzından tek bir kelime çıkmaz. Mutsuz, huzuru olmayan, sıkıcı ev ortamları bu tip kişiler sebebiyle oluşur.

***b. Utanca dayalı öfke*:** Kişi yaptığı hareketten dolayı utanç duyduğunda, bu utancı bastırabilmek için öfkesini abartılı bir şekilde çevresine yöneltebilir. Utanç insanı değersiz ve mutsuz hissettirebilir. Dolayısıyla bu tür öfkesiyle sağlıklı bir şekilde başa çıkmayan insanlar, etraflarına karşı saldırgan tavırlar içine girebilirler.

Örneğin; sokakta maç yapan gençler vardır. Aralarından birisi bariz olarak öfkelidir. Tarzı, yapısı öfke patlamalarına müsaittir. Oyun sırasında ayağından top kaçar ve onun yüzünden takım gol yer. Hem suçlu, hem de güçlü, diye tabir edilir bu kişiler.

Veya evde okumayan gençler vardır. Bu kişiler, zamanında okula gitmezler. Büyüyüp iş aradıklarında, istedikleri gibi güzel mesleklere giriş yapamayınca anne-babaya kafayı takarlar. "Siz beni okutmadınız. Beni desteklemediniz. Sizin yüzünüzden doğru düzgün iş bulamıyorum" diye veryansın ederler.

Bunlar size de hiç yabancı gelmeyen tablolar değil mi?

c. Planlanmış öfke: Öfke, bir sürü insanı korkutan, sineye çeken bir olgu olduğu için bazı kişiler planlı olarak istediklerini elde edebilmek adına öfkeli davranırlar. Bu tip bir öfke; planlı bir biçimde başlanmış olsa da fizyolojik etkileri kontrol dışı olup, insanın kendisine de zarar verecektir. Bu öfke çeşidi, her ne kadar planlanmış gibi görünse de aslında refleks olarak yaşanan bir durumdur. Evlerdeki hırçın ergenlerin tutumları gibi...

Mesela, baba bilgisayar almaz. Ergen iyice agresifleşir, bağırır çağırır. Ve bilgisayarı alınır. Zamanla o ergen, aileye isteklerini kabul ettirmenin bir yolu olarak bu yöntemi kullanmaya başlar. Artık öfkeyle, sinir patlamasıyla elde edemeyeceği hiçbir şey yoktur. Böylece o ergen; planlı olmasa bile, kendine planlı bir öfke davranışı geliştirir. Böylelikle isteklerini karşılamada hep başarılı olur.

(3) *Kronik öfke çeşitleri*

a. Alışkanlık yapmış olan öfke: Çok uzun ve öfkeli geçirilmiş dönemler, insanlardaki bazı davranış biçimlerinin kronikleşmesine yol açar. Örnek vermek gerekirse, çocuklukları öfke dolu geçmiş kişiler, şartlar değişse dahi daha eleştirel ve negatif bir bakış açısına sahip olup, alışkanlık olarak çok daha kolay öfkelenebilme davranışına sahip olabilirler. Bu kişiler her ne kadar alışmış gibi görünseler de bence ruhsal anlamda zorlukları olan kişilerdir.

Bazı psikolojik rahatsızlıklar, kişide öfke patlamalarına sebep olur. Bir insan hayatı boyunca hiç vazgeçmeden, alışkanlık şeklinde öfkeli yaşıyorsa, psikolojik destek almasının zamanı gelmiş demektir. Çünkü bu, kişinin ruh sağlığının bozulduğu anlamına gelir.

b. Korku bazlı öfke: Geçerli bir sebebe dayanmayan korkuları olan kişiler de öfke dolu olabilirler. Bu kişiler sürekli korkacak bir sebep bulabildiklerinden yaşadıkları stresi sürekli öfkeyle ifade edebilirler. Yersiz aşırı kıskançlıklar da bu tip öfkenin bir alt kategorisinde incelenebilir.

Bu öfke grubu; korku kaynaklı görünen psikolojik rahatsızlıkların, öfke potansiyeli yüksek olanların sahasına giriyor. Mutlaka ruhsal bir soruna dayalı olduğu düşünülen bir öfke grubudur bu.

Soru Yorum

***Soru:** 3 yıldır görüştüğüm bir genç kız var. Evlenmeyi düşünüyoruz. Fakat kafamı karıştıran bir durum var, sizinle paylaşmak istiyorum. Kendisi biraz sinirli. En ufak sorunda bağırıp, küsüyor. Barışmak için elimden geleni yapsam da kolay affetmiyor. Çok kırılgan bir yapıya sahip. Ailesinde de sorunları var. Bütün sevgiyi ve ilgiyi bende bulmak istiyor. Onu çok seviyorum, ama bazen siniri beni yoruyor. Evlenince geçer, diyor. Sorum ise şu: Cidden siniri geçer mi? Kız arkadaşım 21 yaşında, ben ise 22 yaşındayım.*

Cevap: Ne söyleyeceğimi bilemiyorum. Bu gibi durumlarda sizi yanlış yönlendirmemek için karşılıklı konuşmayı, bahsi geçen kişiyi görmeyi tercih ederim. Bir soru sorar mısınız kendinize? Siz 22 yaşındasınız. Aile ve iş hayatınızda herşey günlük güneşlik mi ilerliyor? Karşılaştığınız her sorunda birilerine bağırıp çağırıyor musunuz? En ufak sorunda küsüp, surat asıp günlerce konuşmamazlık yapıyor musunuz?

Cevabınız "Tabii ki hayır!" ise niçin bu şekilde davranan bir kızla evlenmeyi düşünüyorsunuz?

Evlilik basit bir evcilik oyunu değil ki. İçinde sorunlar olacak; iyi gün, kötü gün olacak. Aynı eve girmeden ve birlikte yaşamanın getirisi olan durumlar yokken bile kolaylıkla küsen, sinirli davranan birisinin, evlendikten sonra sütten çıkmış ak kaşık olacağına çocuklar bile inanmaz. Siz niye inanasınız?

İnanıyorsunuz, çünkü onu seviyorsunuz. Ama benden tavsiye; bu bayanın öfke sorununu yenmeden evlenmeyin. Babasının evindeyken size küsüp zorlayan psikoloji (dikkat edin, kişi demiyorum, yani bir ilkeden bahsediyorum), sizinle aynı eve girince on kat fazlasını yapar. Tek sizinle anlaşmakta zorlanıyorsa ve size sinirleniyorsa, sizin akrabalarınız devreye girdiğinde ne yapacaksınız? Bazı öfkeler kronikleşir. Bahsettiğiniz öfke, ciddi bir psikolojik rahatsızlığın belirtisi olan öfke olabilir. Bu durumu bir uzmanın görmesi, patolojik süreç içeriyorsa müdahale etmesi gerekir.

Yok öyle değil, öğrenilmiş bir süreç olarak öfkeyi yaşıyorsa, bu durumda öfke kontrol eğitimleri verilir. Muhataplarıyla nasıl iletişim kurması gerektiği öğretilir. Sorunlara, karşılaşacağı olumsuzluklarla baş etme yetenekleri geliştirilmeye çalışılır.

Psikolojik rahatsızlıklardan kaynaklanan öfkeleri kişi değiştiremez. Öyle bir öfkeyse sıkıntı çekersiniz. Dolayısıyla ben size evlilik öncesi danışmanlık hizmeti almanızı öneririm. Birlikte gideceğiniz aile danışmanı size yol gösterecektir.

Soru: *1 yıllık evliyim. 26 yaşındayım. Eşim çok sinirli. Evlenmeden önce biraz sinirli olduğunu söylemişti, ama ben bu kadar sinirli olduğunu tahmin etmemiştim. Gerçi işleri de ağır. Çok yoğun çalışıyor. Ailesiyle aynı apartmanda oturuyoruz. Sadece bana sert davransa zoruma gidecek, ama annesine bile ters davranıyor. Çoğu kez ben uyarıyorum öyle yapmaması için. O zaman da sen karışma diyor, çok üzülüyorum.*

Bazen evlendiğime pişman olasım geliyor. Akşamları onunla konuşmak istemiyorum. Odama çekiliyorum. Küsüyorum. Gerçi siz ne yapabilirsiniz; işte paylaşmak istedim.

Cevap: Paylaştığınız için çok teşekkür ederim. Aileden biri olmak ve sorunlarınızla ilgilenmek çok güzel.

Eşiniz evlenmeden önce söylemiş sinirli olduğunu. Bunu birçok kişide duyuyorum, söylüyorlar ama, söylemekle yaşamak aynı değil tabii. Bir de dışarıda gezerken, haftanın belirli günlerinde kahve içimi, karşılıklı konuşurken öfke çok anlamlı gelmiyor insana. Gezme-tozma havasında aklına gelmez kimsenin değil mi? Evlendikten sonra iş-güç, stres, doğal yaşam devreye giriyor. Gerçi annesine de bağırması iyi değil tabii, ama sizin açınızdan rahatlatıcı durum. Yani size kasıt olsun diye bağırmadığını anlıyoruz. Genel alışılagelmiş davranış bu.

Bununla birlikte dikkatimi çekti, siz de eşinize küstüğünüzü, öbür odaya gittiğinizi, onunla konuşmadığınızı söylüyorsunuz. Biriniz açıktan patlayıcı öfke yaşıyor, diğeriniz pasif-agresif tutum dediğimiz türden. Sonuçta ikiniz de öfkeli davranıyorsunuz. Sadece öfkeyi dışarıya yansıtma tarzlarınız farklı. Demek istiyorum ki, şu elektronik postayı eşiniz atmış olsaydı, "Mehtap Hanım, çok sevdiğim bir eşim var. Akşamları yorgun argın eve geliyorum. Biraz da sinirli bir tarzım var. Ama eşim yanımda oturmuyor, benimle sohbet etmiyor, hatta suratını asıp, rahatsız ediyor. Ne yapabilirim?" diye sorardı. Anlayacağınız eşiniz de sizin surat asmalarınızdan ve diyalog kesmelerinizden dolayı sizin ona saldırganca tutum sergilediğinizi düşünüyordur. Ve ne yapıyor sizce? Tehdit altında hissediyor ve karşıt tepki geliştirerek daha sinirli oluyor.

Çifte açmaz durumu gibi. Siz surat asıyorsunuz, o sinirleniyor. O sinirlendikçe siz kötü hissediyorsunuz ve surat asıyorsunuz. O sizi görünce sinirleniyor ve bağırıyor. O bağırdıkça siz surat asıp öbür odaya gidiyorsunuz ve olmayan iletişimi koparıyor gibi görünüyorsunuz. Oysa her iletişim değilmiş gibi görünen durum, bir iletişimdir. İkiniz aynı evin içinde, farklı odalarda olduğunuz halde, birbirinizle olan bir iletişim var. Fakat bu, negatif bir iletişim maalesef.

Birinizden birinizin bu sarmal döngüyü kırması gerek! Evliliklerde kimin kırdığı, kimin iyi ilişkiyi başlattığı önemli değildir. Birinden biri başlasın, diğeri iplik söküğü gibi gelir nasılsa. Size yapılan ve rahatsız olduğunuz durumu, farklı şekilde karşı tarafa yapmaktan vazgeçmediğiniz müddetçe bu ilişki düzelmez. Aynı ilke, eşiniz için de geçerli. Artık siz bilirsiniz, birinizden biriniz bu yanlış örülmüş süveteri sökmeye başlasın!..

İkinci Bölüm

Öfke ile baş etme yöntemleri

Örnek vakalarla adım adım öfke kontrol yöntemleri

"Öfkeye sarılmak birine atmak için kavradığınız sıcak bir kömür parçası gibidir; yanan aslında sizsinizdir."
—Gautama Buddha

BECERİLER—BİR KEZ kazandırıldığı takdirde—unutulmayan yetenekler gibidir. Mesela, araba kullanma becerisi gelişen bir kişinin, bir daha araba kullanmayı unutmaması, bu becerinin artık kazanıldığı anlamına gelir. Zaten bir beceri, kazanıldıktan sonra kolay kolay unutulmuyor! Öğrenilen yöntemlerin sırta yük olmaması, davranışları değiştirmesi için adım adım uygulanması gerekiyor.

Burada uygulamaları kolaylaştırmak ve bunların içe sinmesini sağlamak adına örnek vakalara yer verdik. Kişi başkalarının hayatındaki öfke kaynaklarını ve onlarla baş etme yöntemlerini okuduğunda, kendi öfkesiyle baş etme serüvenini daha kolay öğrenecektir. En azından böyle olacağını umuyorum.

Öfke bir davranış değil, bir duygu halidir aslında. Ama burada kontrol edilmesi gereken duygular değil, duyguların davranışa yansıyan şeklidir.

İşte tam da bu nedenle, davranış değişikliğine uğrayabilmeniz için, kitapta okuduğunuz bilgileri, yöntemleri ve önerileri hafta hafta uygulamanızı tavsiye ediyorum.

ÖNCELİKLE HER BÖLÜM için kendinize bir zaman dilimi belirleyin. Bu zamanda, anlattığım yaşanmış olaylarla, verilen bilgiler arasında kurulan bağı fark etmeye çalışın. Böylece kendi hayatınızda öfkelendiğiniz durumları da kolaylıkla analiz edebilirsiniz.

Bu noktada aceleye etmeyin ki, okunanlar zihninize yerleşsin. Zihninize yerleşenler ise konu hakkındaki düşüncelerinizin değişmesine imkân tanısın. Düşüncelerinizin değişmesi ise davranışlarınıza bu imkânı sunsun. Aksi halde; bu çalışma, davranış değiştiren bir kitap olmaktan çıkıp, öfke kontrolü hakkında okunan bir hobi kitabı olarak yer edecektir beyninizin raflarında.

Bu arada; bundan sonraki bölümleri okurken ajandanız yanınızda olsun. Baştan beri öfkeyi tanımanız ve tanıyarak hayatınızdan uzaklaştırmanız için pek çok bilgi paylaştım sizinle. Bundan sonra paylaşacağım bilgiler ise daha aktif ve uygulanması gereken bilgiler niteliğinde. Bu sebeple—henüz edinmediyseniz, hemen edinin—ajandanız yanınızda olsun; yani öfke ajandanız.

Öfke ajandasını, bu çalışma boyunca yanınızdan ayırmayacağınız duygu, düşünce ve davranış paylaşım defterinizmiş gibi düşünün. Okuduğunuz bilgilerle ilgili olarak, kendinizde bulduğunuz benzerlikleri, günlük hayatınızda yakaladığınız öfke ipuçlarınızı bu deftere yazmanızı istiyorum. Hatta o defter sizin 'Mehtap Kayaoğlu'nuz olsun. Sanki karşınızda ben varmışım da yakaladığınız ortak noktaları, iç konuşmalarınızı bana söylüyormuşsunuz gibi düşünün. Ve bu ajandaya 'her gün' kaydedin okuduğunuz bilgilerin sizin hayatınızdaki karşılıklarını. Hem böylece öfkeleriniz ve öfkenizi kontrol ettiğiniz ya da edemediğiniz yerleri çok daha kolay yakalamış olursunuz. Bir anlamda da iç görü kazanmanız kolaylaşmış olur.

BİRİNCİ BÖLÜMDE hatırlarsanız, öfkeyi genel olarak tanımanıza yardımcı olacak bilgiler vermiştim. Bu bölümde ise öfke kontrolü nedir, ne zaman ihtiyaç duyulur gibi bilgilerden başlayıp, öfkeli insanların ortak özellikleri, öfkenin fiziksel belirtileri gibi konularla ilerleme kaydederek, size öfkeyle baş etmenizi sağlayacak bakış açısını kazandırmayı hedefliyorum. Umarım iç huzurunuza ve sosyal ilişkilerinize olumlu katkısı olur...

ÖFKE KONTROLÜ NEDİR?

Baştan beri merak ediyorsunuzdur öfke kontrolünü nasıl yapacağınızı, hissediyorum. Yıllardır anlatıyorum; öfke kontrolü derken amacımızın öfkeyi tamamen yok etmek olmadığını. Yani öfke kontrolü, hedeflenen öfkeyi kişinin normal ve sağlıklı sınırlarda duyumsaması ve buna bağlı davranışlarının da kişinin kontrolünde olması durumudur.

Öyle ya da böyle öfkeyi hepimiz tanıyoruz, biliyoruz. Öfke yaşamımızın bir parçasıdır. Kimimiz içimizden, kimimiz dışımıza yansıtarak yaşıyoruz öfke duygumuzu. Evet, öfke bir duygudur. Diğer duygularımızın da önemli bir parçasıdır. O halde öfke kontrol çalışmalarında temel amaç; öfkeyi tamamen ortadan kaldırmak değildir. Aksine öfkeyi yaşanabilir seviyede, işimize yarayan yanlarını kullandığımız, bize zarar veren taraflarını hayatımızdan uzaklaştırdığımız düzeyde yaşayabilmektir.

Biliyoruz ki öfkeyi tamamen yok edemeyiz. Ancak öfkeli

bir kişinin saldırganlığa dönebilecek tepkilerini kontrol ederek, mutsuz olmamızın önüne geçebiliriz. Yani bir diğer anlamda mutsuzluğumuza neden olacak her türlü tepkinin oluşmasına mâni olabiliriz.

Aslına bakılacak olursa, öfke hali normal bir duygunun tezahürüdür. Öfke kontrolünde önemli olansa bunun normal ve aşılabilir bir duygu hali olduğunu bilmektir. Öfke patlamalarınız, can sıkıntınız, kaygı ve endişeleriniz; aile, arkadaş, eş, dost ve çevrenizle olan ilişkilerinizi bozmaya başladıysa; onu yönetmeyi öğrenme zamanınız gelmiş demektir. Daha önceden de zikrettiğimiz gibi öfke hali bir davranış biçimi değil; o yaşanabilir bir duygudur. Yani öfke hali; duygunun oluşturduğu, öğrenilmiş ve davranışa yansımış olan sürecin adıdır.

Öfke; kötü, bastırılması gereken bir davranış değil; doğru kullanıldığında işimize yarayan önemli bir duygudur. İşin aslına bakarsanız kontrol etmeyi öğreneceğiniz durum, öfkenin kendisi değil; öfke anında aklınıza gelen düşüncelerle davranışlarınızda oluşan saldırgan tutumların kontrolüdür. Örneğin; bir arkadaşımıza kızdığımızda, bize sergilediği her durumu yanlış anlamaya başlarız. Onun bizi sürekli sinir ettiğini ya da her hal ve hareketi kasten yaptığını düşünürüz. Bu düşünce ise zamanla bizde öfke hali oluşturur. Böyle bir öfke halinin olması normaldir bir yerde. Fakat o öfkenin, düşüncemizin yönüne göre saldırgan bir tutuma dönüşmesi ise yanlış olur.

Öfke kontrolü olmayan kişi ne yapar?

Öfke kontrolü olmayan kişi bağırıp, kızabilir. Arkadaşıyla tartışabilir. Aklına gelen herşeyi söyleyebilir. Veya bir ortamı terk edebilir.

Peki, öfke kontrolü yapabilen kişi ne yapar?

Arkadaşına hangi konuda kızdığını anlamaya çalışır. Bu kızgınlığı geçmişteki diğer olaylarla birbirine bağlamaz. Temel amacı arkadaşıyla sorununu halletmektir. Öfkesinin farkındadır ve duygusunu söyler:

"Her seferinde beni bekletmenden rahatsız oluyorum. Yine aynı şeyi yaparsan seninle buluşmayacağım. Vaktinde gelirsen çok sevinirim."

Endişelenmeyin! Öfke kontrolü için yapmanız gerekenleri adım adım göreceğiz.

Öfke kontrol tekniklerinin amacı, kızgınlığın ve öfkenin yol açtığı duygusal ve bedensel tepkileri azaltabilmektir. Kızgınlığa yol açan insanları, olayları yok edemezsiniz; onlardan kaçınamazsınız; onları değiştiremezsiniz.

Hanginiz annenizi, babanızı, eşinizi, iş arkadaşınızı, çocuğunuzu hayatınızdan çıkarabilirsiniz ki? Yapabileceğiniz tek şey bu insanlar ya da olaylar karşısında gösterdiğiniz içsel ve dışsal tepkilerinizi kontrol edebilmek, onları yapıcı bir şekilde yönetebilmektir.

ÖFKE KONTROLÜ NE DEĞİLDİR?

Bir daha zikretmek gerekirse; öfke kontrolü ne demek değildir?

Öfkelenmemek,
Öfkeyi unutmak,
Bir daha bu konuyu konuşmamak,
Öfkelendiğini belli etmemek,
Herşeyi alttan almak,
Hakkını savunmamak,
Kendini ortaya koymamak değildir.

Öfke kontrolü, sonradan pişman olunacak anlık tepkilerden kaçınmak, sorunu anlamaya çalışmak ve kalıcı insanî çözümler üretmek demektir.

Bir insanın öfke kontrolü sorunu yaşadığını ve kendini kontrol etmeyi öğrenmek için bu yönde yazılan kitaplara yahut uzman görüşlerine ihtiyacı olduğunu anlamak zor değil. Hepiniz bunu kolayca anlarsınız.

ÖFKE KONTROLÜNE NE ZAMAN İHTİYAÇ DUYARIZ?

İnsanlar zaman zaman öfkelenir. Günlük hayatlarının belirli dönemlerinde öfke duygusunun getirdiği fevrî davranışlar yaşayabilir. Bu fevrî tepkilerin artması, günün büyük bölümünü işgal etmesi, kişiliğiniz hakkında tanımlama yaptığınızda kendinizi sinirli olarak tanıtmaya başlamanız, işlerin az da olsa raydan çıktığı manasına gelir.

Söylediğim gibi—minik dozlarda da olsa—öfkeyi hepimiz yaşarız. Ancak yine de kişinin öfke kontrolüne ihtiyaç olup olmadığını anlamanın kriterlerinin bilmesinde fayda var. Dilerseniz bu kriterleri sıralayalım:

- Öfkelendiğinizde çoğunlukla kendinizi kontrolsüz hissederseniz,
- Öfkelendiğinizde istemediğiniz davranışlarda bulunabilir ya da istemediğiniz sözler söylerseniz,
- Son zamanlarda sık sık tartışmaya başladıysanız,
- Öfkelendiğinizde gösterdiğiniz tepkiler insanlarla olan ilişkilerinize zarar vermeye başlamışsa,
- Öfkelendiğinizde dikkat ve konsantrasyon problemleri yaşarsanız,
- Beyninizde yenemediğiniz sorunlarınızın öfkeye dönmesi neticesinde işlerinize ve çalışmalarınıza karşı tahammülünüz azalmışsa. Örneğin öğretmensiniz, öğrencilere tahammülünüz azalmış ve çocukları sık sık azarlamaya başlamış olabilirsiniz. Veya yöneticisiniz, toplantılarda zihninizi toparlayıp, verimli sunumlar yapamıyorsanız gibi...
- Öfkeli davranışlarınızın yasal bedelleri ile karşılaşmaya başlamışsanız, yani trafikte ceza yemeye başlamak, markette tartıştığınızda sert tavırlarınız nedeniyle savcılığa verilmeniz gibi. Komşunuzla araba park sorunu nedeniyle karakolluk olmaya başlamışsanız veya birileri sizi mahkemeye vereceğini sık sık dillendiriyorsa gibi...

- Her öfke davranışınızdan sonra utanıp pişmanlık yaşamaya başlamışsanız; "Ben böyle bir kişi değildim, neler oluyor bana?" sorusunu zaman zaman kendinize soruyorsanız,
- Sakinleşmek için sigara, alkol ve madde gibi kötü alışkanlıklar edinmeye başlamışsanız veya kullanmadığınız halde öfkenizle baş etmek için bu maddelerden bazılarını hayatınıza almışsanız, öfke kontrol çalışmalarına başvurmanın zamanı gelmiş demektir!

Öfkeli insanların ortak özellikleri

"Öfke, kısa bir deliliktir."
—Horace Corneille

ÖFKEYİ KONTROL ETMEYE başlamanın en önemli kurallarından biri,—bana göre—öfkeli insanların ortak kişilik özelliklerini tanımaktır. Evet, öfkeli insanlar, ortak kişilik özelliklerine sahiptir. Şaka gibi, değil mi? "Ama öfkeli olup olmadığınızı söyleyin, size kişilik yapınızı söyleyeyim" dersem, abartmış olmam. Size garip gelebilir ama; hepinizi öfkeli hale getiren nedenler birbirinden farklı olsa da, öfkeli olmaya yatkın kişilik özellikleriniz neredeyse birbiriyle aynı.

Yıllardır insanlarla çalışıyorum, pek çok yer gezdim, öfke eğitimleri verdim, bireysel destek çalışmalarımda sinirli insanlara terapi yaptım. Sorun çeşit çeşit, kabul. Peki ya kişilik yapıları?

Her hastalığın, her davranış biçiminin kişilik yapısı birbirine benziyor. Mutlu, sorunlarıyla baş etmesini bilen, insanlarla ve kendisiyle barışık kişilerin nasıl ortak kişilik özellikleri varsa; öfke potansiyeli yüksek kişilerin de ortak kişilik özellikleri var. Örneğin endişeli, heyecanlı kişilerle; rahat, ferah tiplerin yapısal özellikleri birbirinden farklıdır. Bu noktada, bu iki grubun olaylarla başa çıkma yöntemleri de birbirinden ayrılır. Hal böyle olunca konuyu ele alırken kişilik farklılıklarından bahsetmeden geçmek, ciddi bir eksiklik anlamına gelir. Demek ki öfke kontrolünü anlatmadan önce, öfkeyle baş edemeyen insanların tipik ortak davranış özelliklerini anlatmak gerekiyor. Şöyle ki:

Her insan davranışının altında bir ihtiyaç vardır. Başka bir deyişle, ihtiyaçları insanları davranışa sevk eder. İnsan canlısı, dünyaya geldiği ilk andan itibaren ihtiyaçlarını gidermeye yönelik tepkiler geliştirir. Yetişkin olduğunda, sahip olduğu kişilik özelliği, kişiliğinin yapısal biçimleri, genetik geçişli özellikler gösterirken, diğer yandan öğrenilmiş davranışları da içerir. Böylece biraz doğuştan gelen, çoğunlukla aileden ve çevreden kazanılmış birtakım huylarla yaşarız. Dolayısıyla muhatap olunan olaylara, kişiliğin davranış özelliklerine göre tepkiler veririz. Mesela, kimileri kolay üzülür; kimileri ise üzerinden atlar geçer. Kimileri umursamaz, kimileri ise plansız yaşayamaz...

İlke hiç değişmez. Öfkesiyle baş edemeyen insanların karakter yapıları ve düşünce sistemleri neredeyse aynıdır. "İstisnalar kaideyi bozmaz" düsturundan yola çıkarak, başlayalım bakalım bu ortak özellikleri sıralamaya:

• Öfkeli bireylerin çoğu, Anadolu terbiyesi gereği pasif-öfkelidir. Dolayısıyla bireylerin çoğu öfkesini içine atıyor. İnsanlar, öfkelendiklerinde öfkelerini içlerine atıyorlarsa, çoğunlukla bunu psikosomatik tepkiler şeklinde gösteriyorlar.

Örneğin baş ağrısı, mide bulantısı, tansiyon artışı, kalp çarpması, halsizlik, el-ayak uyuşması, aşırı uyku gibi... Anlayacağınız, öfkeli kişilerin bedensel şikâyetleri bitmiyor. "Zaten elim ayağım uyuşuyor, hasta etmeyin adamı!.." gibi sert ifadelerle bu durumu dışarıya yansıtanlar olduğu gibi, "Ay bana fenalık basıyor, bak sinirden elim ayağım titriyor yine..." şeklinde daha hafif tonlarda aktaranlar da var.

• Duygusal olarak depresif ve endişeli ruh hali taşıyorlar. Olaylara olumsuz yönden bakmaları; kendilerini kızdıracak açılara hâkim olmaları nedeniyle hem endişeli, hem de depresifler. Depresyon nereden geliyordu hatırlayanınız var mı? Evet, bildiniz! Sonradan yaşadıkları yoğun vicdan azabından.

• Kendini değersiz hissetme, yalnız hissetme duygularını yoğun bir şekilde yaşıyorlar. Herkesin, her şekilde kendilerini yalnız bıraktığına inanıyorlar. Bu inanç onlarda, diğer kişilere karşı düşmanlık duyguları beslemeye sebep oluyor. İnsanlara güvenmiyorlar. Kimseye güvenmedikleri ve ortamlarda öfkelendiklerini bildikleri için yalnız kalmayı tercih ediyorlar. Bunun yanı sıra zaman içinde yalnızlaşıyorlar.

• Negatif düşünceye yatkınlıkları vardır. Bu huyları nedeniyle çok kolay öfkelenirler. Bir insan, gününün çoğunu olumsuz düşünce üreterek geçirirse ne olur? Tabii ki sinir küpü olur. Akşama kadar kendinizi stres yapacak, öfkelendirecek şeyler düşünün, sonra kalkın sevgi dolu bir kalp taşıdığınızı ve insanlara karşı çok anlayışlı olduğunuzu iddia edin. Olur mu? Olmaz tabii.

• Ufak tefek zorluklara karşı tahammülsüzlük gösteriyorlar. Sorunlarla baş etme yetenekleri gelişmediği, aceleci oldukları, kendi zihinlerinde durum kurgusu yaptıkları ve o kurgular hep olumsuz olduğu için tahammülsüz bir kişilik yapısı sergiliyorlar.

• Kaygıya-endişeye yatkındırlar. Nerede ne olsa kendilerinden bilirler, nerede ne olsa kendi üzerlerine alınırlar. Dolayısıyla her zaman kaygılı ve endişelidirler.

Öfkenin altındaki en temel duygulardan birisinin endişe olduğunu anlatmıştım hatırlarsınız. İçini ferah tutmayı bilmeyen, kendisini olumlu ifadelerle yatıştırmasını bilmeyen bu kişiler çok öfkelidir, çok.

• Zihinsel-bilişsel olarak problem çözme yeteneklerinde yetersizlik vardır. Öfkeli insanların zihinleri sadece duruma göre kışkırtma, olayın en kötü tarafını görme, kendini en fazla üzecek yanı neresiyse orasına bakma gibi huyları vardır. Dolayısıyla durup düşünme, frene basma, durumu zihinsel olarak değerlendirme mekanizmaları yok gibi davranırlar.

• Hemen hemen her gün birileriyle öfke patlamaları yaşamaya ve tartışmalara girmeye yatkınlıkları vardır. Öfke onlar için o kadar normal hale gelmiştir ki; öfkeden uzak bir insan öfkeli an yaşasa utancından yerin dibine girer, kendisinden utanır. Oysa öfkeli birey, öfkeyi sık sık yaşadığı gibi, öfkelerinin tamamında haklı olduğuna inanır. Öfkelerini sorgulamak gibi huyları yoktur. Gerektiği ve etraflarındaki insanlar hak ettiği için öyle davranıyorlardır. Öfkeyle azarlanmayı hak eden insanlarla yaşamak zorunda kaldıkları için, kendilerine göre öfkelenmeleri normaldir.

• Benzer sorun yaşayan insanlara oranla daha sık şikâyet etme gibi özellikleri vardır. Özellikle bu durum kadınlarda ağlama tepkileri gösterme şeklinde oluşmaktadır. Aslına bakarsanız yeryüzündeki 7 milyar insanın yaşadığı sorunu öfkeli kişiler yaşasalar, herkesten çok sinirlenecek malzeme çıkarmayı başarırlar. 7 milyar kendisi gibi düşünmüyorsa da fark etmez! Yanılan kendisi değil, diğer 7 milyardır!

• Yanlış yaptığını zannettiği durumlarda kolayca öfkelenme haline bürünürler. Kendi yanlışlarına bile tahammül göstermezler. Başkalarına kızdıkları gibi kendilerine kızma potansiyelleri de oldukça yüksektir.

• Ev içinde veya iş, okul hayatında öfkelenecek bir şeyler bulmakta zorlanmıyorlar.

• Engellendiklerinde veya istedikleri bir şeyler yerine gelmediğinde toleransları düşüyor. Öfkeli insanların en tipik ortak kişilik özelliklerinden biri budur. Genç olsun, yaşlı olsun engellenmeye karşı alerjileri var sanki. Onlar herkesin her yaptığına karışırlar. Hatta söyledikleri yapılmazsa, sinirlenirler. Siz kesinlikle onların işlerine müdahale etme hatasını yapmamalısınız! Ne garip bir çifte standart değil mi?

• Ortalama her kişiye denk gelebilecek bir beklentinin yerine gelmemesi durumunu, kendisine kasıt ve haksızlığa uğramak şeklinde yorumlamalar yapıyorlar. Yani çok alıngan oluyorlar.

• Baş edemedikleri bir durumla karşılaştıklarında ajitasyon—kendine acıma-acındırma—duygularına kapılarak, kendilerini kışkırtmaya başlıyorlar.

• Değişen yeni koşulları kabul etmiyorlar. Bu biraz da sabit fikirli olmalarını beraberinde getiriyor.

• Yeni koşullar için gayret sarf etmiyor, bildiği doğruları uygulamaya çalışıp duruyorlar.

• Kuralcılar. Esnemek istemezler. Esnediklerinde, prensiplerinden ödün verdiklerini düşünüp rahatsız olurlar.

• Mükemmeliyetçi bir yapıya sahiptirler.

• Ya hep ya hiç duygusuyla düşünürler.

• Düşmanlık duygularına sahiptirler. Alıngan oldukları için, herkesi kendilerine karşı zannediyorlar. Dolayısıyla karşıt tepki geliştirip olumsuz duygulara kapılıyorlar. Bu duygular da öfkeli olmalarını kolaylaştırıyor.

• Öfkeyi, önemli bir problem çözme aracı olarak görüyorlar.

• Öfkeyi kışkırtacak zihin okumalar ve aşırı genelleştirmeler yapıyorlar. Herkesin aklından ne geçtiğini bildiklerini sanmak gibi bir rüyanın içinde yaşarlar. Bu düşüncelerinden dolayı kendilerine yapılan açıklamaları dinlemezler veya söylenenlere kolay kolay inanmazlar.

• Öfkeyi çok kullanmaktan ve sürekli üzülmekten dolayı düşük benlik saygısı geliştirirler.

• Çevredeki insanların kendisine inat yaptıklarına inanırlar.

• Her konuda kendilerine suçluluk payı çıkarırlar.

• Her durum ve konumda aşırı duygusal-duyarlı tepkiler verirler.

• Kendilerini pek çok ortamda 'çocuksu' diye tanıtırlar. Ki biz buna 'olgunlaşmamış kişilik' demekteyiz.

• Çevreleriyle sözel iletişimde zorluk yaşayarak, yetersiz kalırlar. Zaten sözün bittiği yerde saldırgan ve kızgın tavırlar başlar biliyorsunuz.

• Varolan durumu, olduğundan daha kötüymüş gibi düşünmeye, âdeta facialaştırmaya başlarlar.

• 'Etiketleme' huyuna sahip olurlar. Etiketlerinin dışına taşmazlar.

• Duygusal ve kırılgan kişilik özelliğine sahip olurlar. Öfkeyle sinirlenip herkese bağırırlar, ama aynısını onlara yapsanız çok kırılıp, üzülürler. Kendi öfkelerini yaşananların getirisi olarak görürler, sizin öfkenizi kasıtlı ve yıkıcı diye adlandırırlar. Yani onlar öfkelenince siz bozuntuya vermeyip ilişkiye devam edeceksiniz; fakat siz öfkelenince onların size tavır alma hakkı olacak!

• Akıl okumaları yaparlar. İnsanların zihninden geçen düşünceler hakkında karar verirler, o karar gerçeği temsil ediyormuş gibi hüküm verip, geri adım atmamaya başlarlar.

• Ailenin, çevrenin, ortamın kendisini ve davranışlarını izlediğini düşünürler. Kontrol edilme kaygısı nedeniyle hep en doğru olan davranışı uygulama konusunda hassasiyete sahiptirler.

• Kendi kural ve prensipleri doğrultusunda herkesi değiştirmeye çalışırlar. Taviz vermezler.

• Bilinçdışı kendilerini suçlarken, yanlış giden olaylar için kendi dışından başka suçlular bulmayı ihmal ederler.

• Öfkeyi tetiklemek için, öfke konusunu sürekli zihinlerinde evirip çevirip düşünürler.

Bu kişilik özelliklerini okuduğunuzda, sadece söylenenlere dikkat edip, sizde olanlar varsa değiştirmeye çalışsanız, öfke patlamalarınızda gerilemeler olduğunu görürsünüz.

Söylediğim gibi öfke sorun değil, öfkeli insanların kişilik yapılarındaki alışkanlıklar sorundur. Öfkeli olmayan insanlar, yukarıda yazdığım özelliklerin tam da tersi özelliklere sahiptir zaten; emin olun!

Soru Yorum

Soru: *38 yaşında bir erkeğim. İşyerinde sinirlendiğimde tansiyonum yükseliyor. Panik atak var bende. Tansiyon aletini takınca da tansiyonum daha yüksek çıkıyor. Bu doğrultuda ne söylersiniz?*

Cevap: Panik atak yaşayan çoğu kişide rastladığımız bir durumdur bu tansiyon ölçülürken birkaç derecenin fazla çıkması. Heyecandan ve endişeden kaynaklanan bir durumdur aslında. Öfke ve sinir, özellikle işyerinde yaşandığında, hele siz öfkeyi dışarıya çıkarmamak için içinize atıp bastırdığınızda, bu bedensel sorunların gün yüzüne çıkmasına sebep olur. Doktora gidip fiziksel bir sorunun olmadığını öğrendiğinizde, bu tür şikâyetlerin psikolojik kökenli olduğundan emin olunur hemen. Bu noktada, öfkenizi kontrol etme teknikleri öğrenildiğinde işler yoluna girecektir, merak etmeyin!

Soru: *Hayret ediyorum biliyor musunuz, nasıl bu kadar mutlu olabilmeyi başarıyorsunuz diye. Ben nedense hiç mutlu olamıyorum!..*

Cevap: Aslına bakarsanız bir elim yağda, bir elim balda değil. Hem öyle olsaydı bile insan olumsuz tarafından görecek olsa, bu sefer de "Offf, elime bal bulaştı" gibi yakınmalara bile başlayabilir.

Mutlu olabilmek çok zor olmasa gerek. Mesela işe öncelikle, sorunları çözmeye başlayarak harekete geçmeli ve çözülemeyenleri ise atlayıp yoluna devam edebilmelidir insan. Yoksa herşey üzerine üzerine geliyormuş gibi bir izlenime kapılır, âdeta boğuluyormuş gibi bir ruh haline bürünebiliriz. Allah'ın bize verdiği bu nur topu, güzel hayatı, kendi olumsuz yargılarımızla sorunlu hale getirmek akıl kârı mıdır?

***Soru:** 17 yaşında bir öğrenciyim. Üniversiteye hazırlanıyorum. Ne okulda, ne de dershanede kimseyle arkadaşlık kurabiliyorum. Bu ise beni çok üzüyor. Zaten evde de babamla sürekli bir çatışma halindeyiz, anlaşamıyoruz bir türlü. Bu noktada ne yapmalıyım, önerilerinizi bekliyorum?*

Cevap: Yalnızlık duyguları insanları incitir. Hem okulda, hem dershanede yalnızsan; genel anlamdaki ilişkilerine bir göz atabilirsin. Belki daha girişken, sohbetlere katılır bir tarzda davranırsan arkadaşlık ilişkilerin gelişir. Yolun başındasın henüz. Hemen pes etmek yok!

Gereken yaşta, gereken sosyal ilişkiler gelişmediğinde, evdeki yaşantı da sıkıntıya giriyor olabilir. Baba ile olan çatışmanın kaynağında da bu yatıyordur belki, kimbilir!

Öncelikle evin içinde de, sen üzerine düşeni yap. Konuş, sohbet et; tatlı dille ve gülen bir yüzle. Bu ikisinin bir araya geldiğinde açamadığı kapı yoktur. Evin içindeki ilişki kurma şeklin büyük ihtimal, okula ve dershaneye de aynı şekilde yansıyacaktır.

***Soru:** Yıllardır depresyon tedavisi görüyorum. Eşim durumumla ilgilenmiyor. "Sen kendin yapıyorsun" diyor. Ben de çok sinirleniyorum onun bu tavrına. 18 yıldır bana ne yaptığının farkında bile değil!*

Cevap: Çok haklısınız. 18 yıl dile kolay; iyisiyle, kötüsüyle kimbilir neler yaşamışsınızdır. Bu noktada öncelikle ve mümkün olduğunca aklınıza, iyi ve güzel zamanları getirmeye çabalayın. Bir evlilik herşeye rağmen 18. yılına gelmişse, sizi bu ilişkide tutan güzel tecrübeler, doyurucu birliktelikler mutlaka vardır. Ama insan sinirli olduğunda, morali bozulduğunda refleks olarak hep kötülerini hatırlar ister istemez, ancak siz iyilerine odaklanmaya çalışın.

***Soru:** Ciddi anlamda hiç sabırlı değilim. Ne yapmalıyım?*

Cevap: Yaş, cinsiyet vs. yazılmamasına rağmen, cevap vermek istedim. Genel anlamıyla insanlar, tahammülsüz olduklarında toleranslarını yitirirler. Hayatları zorlaşmaya başlar. Üst üste gelen olaylar, günlük yaşam deneyimleri, sıkıntılar vs. insanları tahammülsüzlüğe itmiş olabilir. Elbet vardır bir hikmeti, diye düşünmelidir insanoğlu.

Bu noktada elinizden geldiğince sorunların üzerine gitmeye gayret edin. Aşamadığınız sorunları basamaklara ayırın, en kolay yerden çözmeye başlayın. Bunların işe yarayacağı kanaatindeyim.

Öfkenin fiziksel belirtileri

"Hiç kimse yumrukları sıkılıyken net düşünemez."
—George Jean Nuthar

ÖFKELENDİĞİMİZ ZAMANLARDA duygu, düşünce ve davranış anlamında bedenimizde farklı tepkiler meydana gelir. Bunlar birleştiğinde kişide kısa ve uzun vadede pek çok fiziksel değişiklik oluşur.

Öfkelendiğiniz anlardan birini hatırlar mısınız benim için? Şimdi de bu öfkenin hangi sırayla size gelmeye başladığını. Bir hatırlamaya çalışın mümkünse. Sırayla geliyor değil mi?

Bir kimse öfkelenir öfkelenmez fiziksel olarak işaretler devreye girmeye başlar. Bu fiziksel belirtileri, aşağıda sıralayalım:

- Uyaran, duyguyu harekete geçirir. İçinden kızgınlık hissetmeye başlar. Olay devreye girmeye başladığında, öfkeye alışık olan bünye, öfke öncesi kızgınlık duygusunu harekete geçirir. Duygu kızmaya başladıkça öfkenin fiziksel belirtilerine zemin hazırlanmış olur.

• Stres ve gerginlik başlar. Kişi, öfkelenmeden önceki halinde değildir artık. Yavaş yavaş gerilmeye, stres belirtileri göstermeye başlar. Aslına bakarsanız uzun vadede yaşanan stresin belirtileri, öfke anının hemen öncesinde topyekûn yaşanır.

• Enerjiyi artıran adrenalin salgısı artar. Böbrek üstü bezi vücuda anlık enerji sağlamak için karaciğerde depolanan glikojenin kan şekerine dönüştürülmesine yardımcı olan adrenalin adlı stres hormonunu devreye sokar.

• Nefes alıp verme sıklaşır. Böylece vücuda daha fazla oksijen sağlanmaya çalışılır.

• Kalp atışları hızlanır. Böylece kan dolaşımını artıracak sistem devreye girmiş olur.

• Sindirim yavaşlar.

• Şah damarları; özellikle yüz ve alındaki bölümleri genişler.

• Kasların gerginliği ve titremesi artar.

• Tükürük bezinin salgısının azalması nedeniyle boğaz kurur.

• Terleme artar, deri direnci azalır.

• Seste bir aksaklık ve çatlaklık başlar.

• Beden öne doğru eğilerek saldırıya hazırlanır.

• Gözler kararır, solunum hızlanır, ağız kapanarak dişler sıkıldığı için solunum burun delikleri açılarak sağlanır.

• Öfkeyle birlikte çok kere bulantı, ağızda yapışkanlık ve hazım bozukluğu oluşur.

• Kan damarları genişler, kan dolaşımı hızlanır. Bundan ötürü kızarma veya şişme meydana gelebilir.

Bunların yanı sıra unutkanlık, uykusuzluk, huzursuzluk, acelecilik, aşırı yemek yeme veya yememe, konsantrasyon ve dikkat problemi, ilaç kullanımı, aşırı bastırılamayan öfke durumlarında madde kullanımları, baş ağrıları, mide rahatsızlıkları, solunum problemleri, cilt problemleri, böbrek fonksiyonlarında problemler, sinir sistemi rahatsızlıkları, dolaşım sorunları, varolan fiziksel rahatsızlıkların kötüleşmesi, duygusal rahatsızlıklar, çok ilerlemiş ve içe atılmış öfkelerde depresyon gibi belirtiler de görülür.

Aslına bakarsanız, sıraladığım tüm bu fiziksel belirtiler; siz öfke duygusunu hissetmeye başladığınız anda, yaklaşan tehlikeyle baş etmek amacıyla, vücudun enerji üretmeye çalışmasıdır. Bu enerji birikimi, biraz sonra devreye girecek olan öfkede, ciddi bir patlamaya dönebilir. Çünkü normalde yapamadığınız pek çok şeyi, öfkelenince kolaylıkla yaparsınız. Örneğin su bidonunu taşıyamazsınız ve eşinizden yardım istersiniz. Eşinizin yardım talebiniz karşısında örseleyici tavırlarıyla karşılaşırsanız öfkelenirsiniz ve hop bir bakmışsınız ağır nesneyi gitmesi gereken yere taşımışsınız bile. Dolayısıyla öfkeli insanların bu enerjiyle yapamayacağı şey yoktur desek, yalan olmaz.

Öfkenin bu enerji biriktirme ve kontrolsüzce boşaltma sisteminden dolayı sinir sistemi yıpranır. Öfke nöbeti yaşayan annelerin, Anadolu'da çocuğu emzirmelerine dahi doğru bakılmaz. Hatta "Hırsın bebeğe geçer, zehirlersin" şeklinde uyarırlar onları. Tecrübeyle oturmuş önemli bir bilgidir bu bir yerde.

Ayrıca öfkenin fiziksel anlık belirtilerinin yanında, uzun vadede yaşanması ve kontrol edilmemesi sonucunda farklı belirtiler de ortaya çıkabilir:

- Baş ağrısı, migren
- Mide ağrısı, gastrit, ülser
- Diyabet
- Kalp damar hastalıkları
- Kas ağrıları, kas gerginlikleri
- Bağırsak sorunları, kabızlık ve ishal gibi...

Kişi genelde öfke anındaki halini baz alır ve geniş zamana yayılmış sorunlarının farkında değildir. Ancak bir doktora gittiğinde, gereken tüm kontroller yapıldığında alınan cevap sabittir:

"Bir şeyiniz yok, sadece sinirsel. Az üzülün, az sinirlenin. Kafaya bir şey takmayın!.."

Demek ki, öfke anında yaşanan fiziksel belirtilerin yanında, sürekli öfkeli olan bireylerin ortak rahatsızlıkları oluşuyor. Bu belirtileri yaşadığınızda öfke anında korkup gerilmeyin, vücudunuzun sizi korumaya yönelik enerji biriktirdiğini düşünerek rahatlayın; fakat genel anlamda öfke kaynaklarınızı çürütmeniz gerektiğini bilin!

Soru Yorum

Soru: *32 yaşında bir bayanım. Bende özgüven sorunu var. Ne zaman aile içinde bir problem yaşasak, kendimi savunamıyorum. Çok öfkeleniyorum. Özellikle haksızlığa hiç tahammülüm yok. Kalbim çok hızlı atıyor. Ne yapabilirim?*

Cevap: Özgüven sorunu şu an söylenecek hap gibi bir yöntemle düzelmez. Bu konuda psikolojik yardım almalısınız bir süre. Danışmanlık hizmetiyle toparlarsınız bu durumu. Bunun ötesinde; insanlar çok kızdıklarında, hele bu kızgınlığa öfke ve haksızlığa uğrama duygusu eklendiğinde bazı fiziksel belirtiler yaşarlar. Sizde de bu gibi durumlar yaşanıyor.

Kalp atışlarınız hızlandığında, onu rahatlatmanın en güzel yolu burnunuzdan kocaman derin bir nefes çekmek ve içinizde 7-8 saniye tuttuktan sonra ağzınızdan yavaşça iki kerede vermektir.

Bu şekilde 35-40 kez nefes alıp verdiğinizde ve bu nefes egzersizini yaparken kendinize "Herşey yolunda, endişelenme. Sinirlenme! Herşey çok güzel olacak..." gibi olumlu sözler söylediğinizde rahatlamaya başlarsınız.

Öfkelendiğinizde, fiziksel olarak beden kendisini savaş durumunda hissediyor ve korunma tepkisi geliştiriyor. Sizi korumak ve yeni duruma hazırlamak için bedeninizin bol miktarda oksijene ihtiyacı var. Bu oksijeni sağlamak için kalbinizin bol bol kan pompalaması gerekiyor, ki kan pompalanmasının dışarıya yansıma şekli kalbin küt küt atması ve kan basıncınızın yükselmesidir. Anlayacağınız bedeniniz bu rahatsız edici durumu, aslında sizi korumak için yapıyor. Yani vücudunuzun ihtiyacı olduğuna inandığı kanı pompalamaya çalışıyor.

Siz burnunuzdan derin bir nefes çekip, içinizde bekletip ağzınızdan verdiğinizde ve bunu 40 kez yaptığınızda, bedenin ihtiyacı olan oksijeni bol bol göndermiş oluyorsunuz. Böylece beyin, kalbin hızlı kan pompalamasına ihtiyaç hissetmiyor. Kalp normal seyrine dönüyor. Kan basıncınız düşüyor. Siz de rahat ediyorsunuz.

Bu sisteme kendinizi alıştırın. Heyecanlanmaya veya öfkelenmeye başladığınız zamanlarda hemen derin ve uzun nefes alın. Rahatladığınızı göreceksiniz.

Hakkınızı aramaya gelince, bedeninizin kontrolünü elinize alabildiğinize göre, sosyal yaşantınızın kontrolünü de ele alabilirsiniz. Rahat olacağınız için kendinizi ifade etmekte güçlük çekmezsiniz. İnsanlar rahat olmadıklarında, sesleri titrediği, kalpleri çok çarptığında kendilerini ifade edemezler. Normalde bildiğinizi söylemeniz de sorun olmaz sanırım.

***Soru:** 21 yaşında üniversite öğrencisi bir gencim. Arkadaşlar bana saçma şakalar yaptığında öfkeleniyorum. Sanki kan beynime gitmiyor, nefes alamıyorum gibi hissediyorum. Öfkelenmemek için ne yapmam gerekir?*

Cevap: Gençler kendi aralarında eğlenmeyi, gülmeyi seviyor. Yüksek ihtimalle sizi sevdikleri için şaka yapıyorlardır. Ha, aralarında dengesiz olup, kaş yaparken göz çıkaranlar yok mudur? Vardır elbet. Ama biz şimdilik iyiniyetli düşünelim.

Şahsen o arkadaşları görmedim. Kötü bir sonuç çıkaramam yaptıkları şakadan.

Yapılan şakaya kan beyninize sıçrayacak kadar tepki göstermek pek sağlıklı değil bence. Acaba alınganlık veya farklı bir duygunuz olabilir mi? Bir göz atın bakalım kendinize. Şaka güldürmek için yapılır. Sizi sinirlendiriyorsa arkadaşlarınıza güzel bir şekilde durumu izah edebilirsiniz.

Ama önce nefes kontrolü!

Öfke anında beden fiziksel olarak bir yığın tepki verir. Sonrasında bu tepkileri iyice öğrenir ve en ufak bir huzursuzluğunuzda aynı tepkilerle karşılaşırsınız. Genç olduğunuz için kaygı yatıştırma yöntemlerini öğrenin. Bunun için ilk olarak nefesinizi kontrol etmeye çalışın. Derin derin nefes alın ve olumlu resim tekniği dediğimiz formülden yararlanın.

Yani, arkadaşınız size şaka yaptığında, şakası ne olursa olsun, sonuçta sizi eğlendirmeye çalıştığını, aranızdaki ilişkiye güvenerek sizinle yakınlık kurduğunu düşünün. Kendinizi kışkırtacak, moralinizi bozacak şeyler düşünmemeye gayret edin. Beyninizdeki resimde hep iyi ve güzel duygulara yer verin. Bu arada derin derin nefes almayı hiçbir şekilde unutmayın!

Öfkeyi gevşeyerek yok etmek

"Hiddet, azgın bir ata benzer,
haline bırakılırsa kendi ateşiyle yıpranır."
—William Shakespeare

İNSANLAR ÖFKELENDİKLERİNDE bir önceki başlıkta sıraladığımız fiziksel belirtilerin bir kısmını hissederler. Önemli olan bu belirtilerin farkında olmak, devreye giren bedensel tepkilerin, sizin günlük hayat akışınızı bozmasına izin vermemektir.

Her insan öfkelenmeye başlayacağını hisseder. Öfke öyle bir anda, pat diye gelmez! Gelmeden önce duygusal ve bedensel olarak haberciler yollar. 'Öfkenin Fiziksel Belirtileri' başlığında bu habercilere tek tek değindik. Öfke anı gelip çattığında, herkesin ilk şikâyeti, fiziksel hissedilen rahatsızlıklardır. Dikkat ederseniz öfkeli insanların birbirine benzer sözleri vardır:

"Kan beynime sıçradı!"

"Sinirden elim ayağım boşaldı. Hareket edemedim!"

"Öyle sinirlenmişim ki dilim damağım kurudu, cevap bile veremedim!"

"Kalbim gümbür gümbür atmaya başlayınca, öfkemi unutup kendi derdime düştüm, kalp krizi geçiriyorum zannettim!"

İşte tam da bu noktada, öfkeyle baş etmek için fiziksel belirtileri kontrol altına almanız gerçeğiyle karşılaşıyorsunuz. Kan basıncınızı ayarlayarak, beyninize ve vücudunuza oksijen girişini artırarak, fiziksel belirtilerin bedeninizi işgal etmesine engel olabilirsiniz.

Fiziksel belirtilerle baş etmenin en iyi yolu gevşeme teknikleridir. Hepimiz öfke duygularıyla başa çıkmak için bilinçli ya da bilinçsiz bazı yollar kullanırız. Bunlar kısaca; (1) ifade etme, (2) bastırma, (3) sakinleştirme şeklinde sıralanabilir.

Öfkeyi saldırganlıkla değil de 'sözel olarak ifade etmek,' bunlar arasındaki en sağlıklı yoldur. Bunu yapabilmek için, istediklerimizin ne olduğunun farkına varmalı, bunları açık ve karşımızdakini incitmeyecek bir şekilde aktarmalıyız.

Ülkemizde birçok kişi öfkesini 'bastırma' yolunu kullanır. Kızgınlığınızı içinizde tutup, onu düşünmemeye çalışıyor ve dikkatinizi daha olumlu bir şeylere yönlendiriyorsanız, bu yolu kullanıyorsunuz demektir. İşe yarıyormuş gibi görünse de sürekli kullanmak kişide uzun vadede sorunların çıkmasına yol açıyor. Tam da bu nedenle başka yollara değiniyoruz.

Eğer kızgınlık doğru bir biçimde ifade edilemezse, bir süre sonra bu duygu kişinin kendisine döner ve yüksek tansiyon, psikosomatik rahatsızlıklar (ülserler, alerjiler vs.) ya da depresyon gibi sorunlara yol açabilir.

Öfke hali yaşadığınızda *kendinizi sakinleştirmeye çalışmak,* en doğru seçeneğinizdir. Nefes alıp verişlerinizi, kalp atış hızınızı kontrol ederek, kendinizi fizyolojik olarak sakinleştirip, içinizdeki öfke duygusunu hafifletebilirsiniz.

Öfkeliyken yapacağımız en pratik yöntem şudur:

- Burnumuzdan derin kocaman bir nefes almak,
- İçimizden 10'a kadar saymak,
- İyi ve güzel şeyler düşünmeye çalışarak, ortamdan uzaklaşmak,
- Öfke anlarımız için bu davranışı huy haline getirmek,
- Öfkelerimizi doğru ifade etmeyi öğrenmek, böylece içimizde biriktirmemektir...

Biliyoruz ki, öfke anında fiziksel belirtiler devreye girmeye başladığı anda kişi daha da öfkelenir. Endişeye kapılabilir. El ayak birbirine girerek, sorun anını kontrol etmek güçleşebilir. Problem her neyse daha da içinden çıkılmaz hale gelebilir. Bütün bu sebeplerden ötürü bedensel tepkilerin kontrol altında tutulması önemlidir.

Aslına bakarsanız her insanın sıkıntı anında kendi çapında yaptığı bazı yöntemler vardır. Uygular ve rahatlarlar. Sizin de bir rahatlama yönteminiz var mı? Bir düşünün bakalım!

Herkesin mutlaka kendisine göre rahatlama yöntemleri vardır. Yapılan çalışmalarda da görüyoruz, birçok yol var. Başlıca rahatlama yöntemlerini şu şekilde sıralayabiliriz:

- Ortamı terk etmek,
- Duş almak,
- Bir şeyler okumaya çalışmak,
- Birileriyle telefon görüşmesi yapmak,
- Komşunun kapısını tıklatıp, kahve içmeye gitmek,
- Üzerine bir şeyler alıp, sokağa tur atmaya çıkmak,
- Müzik dinlemek,
- Bebeğiyle oyun oynayıp, rahatlamaya çalışmak,
- Evin içinde veya dışarıda aşağı yukarı yürümek,
- Duygularını kâğıda dökmek,
- Pencereden dışarıyı izlemek,
- Balkona çıkıp hava almak,
- Kur'ân okumak,
- Namaz kılmak,

- Sigara içmek,
- Uyuşturucu ve alkol almak,
- Meditasyon, yoga, plates yapmak vs. gibi...

Bunların tamamındaki ortak nokta, kişinin öfkelendiği olaydan zihnini uzaklaştırmaya çalışmasıdır. Uyarıcının, uyarıcı olmasını engellemek iyi bir yöntemdir.—Yalnız; insan sağlığını tehdit edenler hariç (sigara, uyuşturucu ve alkol kullanmak gibi).

EN İYİ GEVŞEME NE ZAMAN YAPILIR?

Gevşemek çok rahatlatıcıdır. Peki, en iyi gevşeme ne zaman yapılır? Öfkenin hemen ardından değil mi?

Yanıldınız!

En iyi gevşeme *'öfkelenmeden önce'* yapılır. Neden mi?

Çünkü insanlar genellikle öfkelendikten sonra kendilerini yatıştırmaya çalışırlar. Oysa öfke kontrol projesi ve bedensel gevşeme egzersizleri, kişi öfkeye giderken uygulanırsa, çok daha başarılı sonuç verir.

Örnekleyecek olursak; bir çocuk bardağa doğru gidiyor diyelim. Birkaç adım daha atsa elini bardağa uzatacak ve alacak. Bardağı eline aldıktan sonra çocuğu ağlata ağlata almak mı daha kolaydır; yoksa bardağa gittiğini fark edip hemen ayağa kalkıp, dikkatini başka şeylere çekerek, bardaktan uzaklaşmasını sağlamak mı?

Elbette ön dikkat daha verimli bir yöntemdir. Öfke için de aynı şey geçerlidir. Herkes kendisini tanır. Ne olduğunda kızıyor, ne olduğunda öfkelenmeye başlıyor? Baktınız ki sizi sinirlendiren bir durumun içine düşeceksiniz, hemen başlarsınız nefes egzersizi yapmaya. Kan beyne sıçramadan önce beden kontrolünü ele geçirirsiniz.

Çok akıllıca değil mi? Kendi adıma ben bunu hep yapıyorum!

Burada verilen bedensel gevşeme yöntemleri de, üç-beş kez tekrarlanıldığında hemen öğrenilebilen egzersiz programlarıdır. Şimdi gevşeme egzersizlerini öğrenelim. Hem siz de evinizde kendi kendinize uygulayın. Hatta bol bol uygulayın ve yöntemi iyice öğrenin.

Mesela bir durum karşısında sinirlenmeye başladınız. Bu sinirlenme anında olayın tam ortasına düşmeden, kendinizi bedensel olarak rahatlatacaksınız.

Öfke, temelde beyine giden oksijenin azalması sonucu oluşurdu hatırlarsanız. İşte öğreneceğiniz bu bedensel egzersizler, beyninize bol bol oksijen gitmesini sağlarken, tüm vücudunuzun rahatlamasına da yardımcı oluyor. Böylece rahatlayan zihin, bedenin öfkesinin büyümesini engelleyebiliyor.

ÖFKE SIRASINDA HIZLANAN NEFESİ KONTROL ALTINA ALMAK

Yukarıda söylediğim gibi insanlar öfkelendiklerinde bedenlerinde çeşitli fiziksel değişiklikler oluşuyor. Bu değişiklikler nefes alıp verişini hızlandırıyor ve bir anlamda burnumuzdan solumaya başlıyoruz.

Öfkeyle baş etmeyi öğrenmeniz için, öncelikle hızlanan nefesinizi kontrol altında tutmayı öğrenmeniz gerekiyor. Nefesinizi kontrol altına almak hiç zor değil, merak etmeyin. İsterseniz nefesinizi kontrol altına alacağınız kolay bir uygulama var. Sırasıyla:

(1) Öncelikle rahatlıkla oturup uzanabileceğiniz bir duruma geçin.

(2) Burnunuzdan derin bir nefes alıp, onu içinizde 7-8'e kadar sayarak tutun.

(3) 8'e geldiğiniz zaman nefesi ağzınızdan verip, kendinize "Rahatla, gevşe, kendini iyi hisset!" şeklinde komutlar verin.

(4) En az 20-25 kez bu şekilde derin kocaman bir nefes çe-

kip, içinizde 7-8 saniye bekletip, ağzınızdan verme işini tekrarlayın.

(5) Bu periyodun ardından 3 saniyede nefes alıp, ardından 3 saniyede nefes verin. Ve nefes alıp vermeyi bu tempoyla sürdürün. Böylece her 1 dakikada ortalama 10 kez nefes alıp vermiş olacaksınız. Normal şartlarda alıp vermeniz gereken sayı zaten buydu. Öfke sırasında nefes alışverişiniz arttığı için de kalbiniz hızlı hızlı atıyordu. Sayıyı doğal olana indirdiğinizde, öfkeyi durdurmak için ciddi bir iş yapmış olacaksınız. Bu arada her nefes alışınızda 'iyi ve güzel olan herşeyi içinize çektiğinizi,' her nefes verişinizde de 'sıkıntı ve zorlukları dışarı attığınızı' düşünmeyi ihmal etmeyin.

(6) Her 1 dakika sonunda, 10 saniye boyunca nefesinizi tutup, ağzınızdan geri verin. Daha sonra 3 saniyelik döngülere devam edin.

(7) Öfkeden kesilen nefesiniz geri gelinceye kadar ve nefes alışverişleriniz hafifleyinceye ya da ortadan kalkıncaya kadar bu alıştırmaya devam edin.

Ortalama 4-5 dakika sürecek bu minik 'nefes yavaşlatma tekniği' ile öfkenizin neden olduğu; nefessiz kalma, sinirden nefes alamama durumunu kendinizden uzaklaştırma şansınız olacak.

GEVŞEME EGZERSİZİ (OTOHİPNOZ YÖNTEMİYLE)

Öncelikle güzel bir enstrümantal müzik seçin.

Rahatça uzanabileceğiniz bir yer bulun. Uzanın.

Ayaklarınız birbirinden biraz ayrık. Eller vücudunuzun yanında olsun.

Gözleriniz kapalı.

Yukarıda anlattığım minik nefes yavaşlatma egzersizini 4-5 dakika kadar uygulayın.

İçinize çektiğiniz her bir nefeste evrendeki iyi ve güzel olan herşeyi içinize çektiğinizi, ağzınızdan verdiğiniz her bir nefeste içinizdeki kötü, sıkıcı, öfkelendirici tüm duyguların dışarı çıkıp gittiğini hayal edin.

İyi ve güzel olan herşey içeri, kötü ve öfkelendirici herşey dışarı diye düşünmeye devam edin.

Hem nefes egzersizini yapın, hem de içinize iyi ve güzel olan herşeyi çektiğinizi hayal etmeye çalışın.

Bu arada vücudunuzun tüm ana bölümlerini gevşetmeniz gerekiyor. Bunun için sırasıyla sıkma/gevşetme işlemi yapmalısınız.

Eller ve kollar

Gevşeme işlemine kollarınızdan başlıyoruz. Önce sağ elinizi yumruk yapıp, içindeki tüm kasları hissetmenizi istiyorum. Yumruğunuzu iyice sıktığınızda kolunuzun içindeki tüm kasları hissedercesine, kol kaslarınızı da gerginleştirmenizi istiyorum.

İyice sıkın. Bekleyin. 7-8 saniye kadar bu şekilde bekleyin.

Güzel!

Şimdi, yavaşça avucunuzu açın, elinizi ve kolunuzu gevşetin.

Biraz önceki sıkı ve gergin haliyle, gevşettikten sonraki yumuşacık hali arasındaki farkı hissetmeye çalışın.

Harikasınız!

Şimdi aynı işlemi sol el ve sol kol için tekrarlayın.

Elinizi iyici sıkın. Kolunuzu da işin içine alarak sıkmaya ve gerginleştirmeye devam edin. Elinizdeki ve kolunuzdaki tüm kasları hissedin.

Güzel!

Şimdi yavaşça gevşetin. Biraz önceki sıkı ve gergin haliyle, gevşettikten sonraki yumuşacık hali arasındaki farkı hissetmeye çalışın. Her iki elinizin ve kolunuzun gerginlikten uzak yumuşacık haline odaklanmaya çalışın.

Tüm bu sıkma ve gevşetme işlemlerini yaparken, burnunuzdan kocaman derin nefes çekmeyi; içinizde 7-8 saniye beklettikten sonra ağzınızdan yavaş yavaş nefes vermeyi unutmayın!

Ayaklar ve bacaklar

Yukarıda olduğu gibi önce sağ bacağınızdan başlayalım.

Sağ bacağınızı bir güzel gerginleştirin. İçindeki tüm kasları hissetmenize yetecek kadar gergin hale getirin. Ve sağ ayağınızı da bu gerginliğe ekleyin.

Bekleyin.

Birkaç saniye bekledikten sonra bacağınızı ve ayağınızı yavaşça gevşetin. Gevşetirken acele etmeyin.

Biraz önceki sıkı ve gergin haliyle, gevşettikten sonraki yumuşacık hali arasındaki farkı hissetmeye çalışın. Şimdi aynı işlemi sol bacağınız ve sol ayağınız için de uygulayın.

Sol bacağınızı bir güzel gerginleştirin. İçindeki tüm kasları hissetmenize yetecek kadar gergin hale getirin. Ve sol ayağınızı da bu gerginliğe ekleyin.

Bekleyin.

Birkaç saniye bekledikten sonra bacağınızı ve ayağınızı yavaşça gevşetin. Gevşetirken acele etmeyin.

Biraz önceki sıkı ve gergin haliyle, gevşettikten sonraki yumuşacık hali arasındaki farkı hissetmeye çalışın.

Her zaman olduğu gibi burundan nefes alıp ağızdan vermeyi, çevredeki tüm iyi şeyleri içinize çekip, sıkıntıları dışarı attığınızı düşünmeyi ihmal etmeyin!

Kalçalar

Şimdi de kalçalarınızı gerin, öylece tutun, gerginliği hissedin. Gerginliğin üzerinde yoğunlaşın. Gevşeyin ve gerginliğin gitmesine izin verin.

Kalça kaslarınızı tekrar gerin, gerginliği hissedin. Gevşeyin.

Ağız ve yüz kasları

Yüzünüzü iyice sıkın. Sanki çok sıkı bir kavanozun kapağını açmakta zorlanıyormuşsunuz gibi yüzünüzü iyice gerin. Ağız ve çenenizi bu gerginliğe eklemeyi unutmayın.

Güzel, iyi gidiyorsunuz!

Şimdi yavaşça gevşetin. Biraz önceki gergin durumla, şimdiki gevşek durum arasındaki farkı hissetmeye çalışın.

'OTOHİPNOZ' YOLCULUĞUNA ÇIKIYORUZ

Neredeyse 15 dakikadır doğru nefes alıp veriyor, bedeninizin tüm gergin kaslarının gevşemiş haliyle yeniden tanışıyorsunuz. Burnunuzdan derin nefes almaya, onu içinizde bir süre tutmaya ve ağzınızdan yavaşça vermeye devam ediyorsunuz.

Vücudunuzun sinirden ve gerginlikten yorulmuş tüm kasları yumuşacık. Kulağınıza gelen tatlı melodi eşliğinde, içinizin derinliklerinde oluşturmaya çalıştığınız gevşemeye odaklanıyorsunuz.

Şimdi sizinle güzel bir yolculuğa çıktığımızı hayal edin.

Bembeyaz bulutlar, masmavi gökyüzünde harika bir yolculuk yapıyoruz.

Hayal ülkesine gidiyoruz birlikte.

Neresi olduğu hiç önemli değil. Önemli olan bu hayal ülkesinin sizin istediğiniz bir yer olması. Dilerseniz çarşaf gibi bir deniz, isterseniz yemyeşil bir manzara. Ne istiyorsanız oraya gittiğimizi hayal edin.

Sizinle birlikte hayal ülkesine gidiyoruz. Tam da olmak istediğimiz yerdesiniz. Her yer harika. Gökyüzü... Çiçekler... Kulağınıza gelen melodinin arasında ruhunuza üfleyen nehir sesleri...

Burnunuzdan derin nefes almaya, içinizde bekletip ağzınızdan vermeye devam ediyorsunuz.

Gözlerinizi kapalı hâlâ. Hiç açmıyorsunuz.

Bu hayal ülkesinde kızgınlıklara, öfkelere, sinir yapacak olaylara yer yok. Öyle mutlu, öyle neşelisiniz ki!..

Günlük hayatınızda öfkelendiğiniz için konuşamadığınız, öfkelendiğiniz için yapamadığınız bazı tecrübeleri burada birlikte yaşayacağımızı hayal edin.

Derin derin nefes alıp verirken, öfkenin yasak olduğu, öfke duygusunun hiç tanınmadığı bu harika ülkede güzel bir tur atın.

Bu yolculuk boyunca hayalinizde bazı senaryolar yazın. Örneğin sinirleriniz kaldırmadığı için söyleyemediğiniz bazı sorunlarınızı içinizden eşinizle paylaşın. Veya patronunuza sizi anlamasını sağlayacak güzel bir konuşma yapın...

Burnunuzdan derin nefes alarak, içinizde tutup ağzınızdan vererek nefesinizi kontrol ederken, ortalama 10 dakika kadar hiç sinirlenmeden çok tatlı tecrübeler yaşatın kendinize.

Günlük hayatınızda yapamadığınız herşeyi yapın bu ülkede.

...

10 dakika sonra geri dönüş için hazırlığa başlıyoruz.

Öfkenin olmadığı, sinirin olmadığı, kızgınlıkların olmadığı, sadece iyi ve güzel olan şeylerin size eşlik ettiği harika bir ülkede gezinmenin mutluluğunu yaşıyorsunuz.

Derin derin nefese alıp verirken, bu harika ülkenin güzel bir kuralıyla karşılaşıyorsunuz: Gelirken dışarıda bıraktığınız öfkenizi, giderken yanınızda götüremeyeceksiniz!

Biraz sonra gözlerinizi açtığınızda, öfkeyi bu ülkede bıraktığınızı hayal edeceksiniz.

Öfkesizliğe ve öfkeyi kontrol edebildiğinize odaklanacaksınız. Ve evet...

Hayal ülkesinin tüm güzellikleri içeri. Günlük hayatın sizde oluşturduğu tüm öfkeleri dışarı.

Burnunuzdan 15-20 kez derin nefes alıp verdikten sonra yavaşça gözlerinizi açın. Gözlerinizi açmak için acele etmeyin.

Gözlerinizi açtıktan sonra ayağa kalkmak için acele etmeyin.

Gevşek ve huzur içinde, kulağınıza gelen tatlı melodinin keyfini çıkarın birkaç dakika.

Ve yavaşça ayağa kalkın. Günlük hayatınıza güven içinde dönün.

Neler öğrendik?

Öfkenin fiziksel belirtileri olduğunu, kontrol edilmezse kişiyi esir alıp hareket alanını kısıtlayacağını,

Gevşeme dediğimiz sürecin öfke başladıktan sonra değil; mümkünse öfkenin başlamasından önce devreye sokulmasının daha faydalı olacağını,

En önemlisi de kişinin kendi kendine kolaylıkla uygulayabileceği bir gevşeme tekniği öğrendik.

Sonuç

Öfkenizi bedensel olarak kontrol altına aldıktan sonra, heyecanınızı azaltmanız çok önemlidir. Eğer heyecanlarınızı olumlu düşüncelerle beslemiyorsanız, kışkırtıcılarınızı geri çekemiyorsanız, kendinizi tetikliyorsanız öfke gitmeyecektir. Çünkü sürekli uyarılmışlık hali stres yapar, stres ise öfkeye dönüşür. Her ikisi birleştiğinde de hastalıklı bir ruh hali oluşur.

Öfkesini kontrol edebilen insan sakindir.

Sakin olduğu için konuşmaya meyillidir.

Konuşmayı biliyorsa, iyi bir dinleyicidir. Karşısındakine anlayış göstermeyi bilir.

Unutulmamalı ki, kişi istemedikçe kimse zoraki tartışamaz!

Öfkelenmemek için kendini sakinleştirmek

"Örnek insanlar yumuşak huyludur ve öfkeden kaçınır."
—Konfüçyüs

İNSANLAR FARKINDA OLARAK veya olmayarak öfkelerini harekete geçirecek tipik düşünce hataları yaparlar. Bir olay devreye girdiğinde kendilerini kışkırtacak ne kadar düşünce varsa hepsini ceplerine doldururlar. Sonrasında gelsin öfke...

Öfke; doğası gereği bir anda, hızla gelmez. Bir yerlerden başlar, yavaş yavaş olgunlaşır ve ortaya çıkar. Ardından yatışır ve son noktada vicdan azabına döner. İşte bu süreçlerin tamamına 'öfkenin aşamaları' diyoruz. Öfkenin ortaya çıkmasını sağlayan 5 temel aşama vardır:

(1) Olayın kendisi veya uyarıcı, bu uyarıcının geçmişle bağlantısı,

(2) Olayın etkisiyle devreye giren fiziksel belirtiler,

(3) Öfke patlaması,

(4) Patlamadan sonra devreye giren geçici rahatlama,

(5) Öfke sonrası devreye giren pişmanlık veya vicdan azabı duygularıdır.

Az sonra okuyacağınız satırlar, öfke kontrol çalışmalarının belkemiğini oluşturuyor. Şöyle iyi bir öfke patlamasında bu sayılan adımların hepsi tek tek yaşanır.

Öfke durumları kendiliğinden gelişen, bir anda oluşan süreçler değildir. Mutlaka altında başka olaylar, canımızı sıkacak başka malzemeler yer alır. Bu sebeple konunun son derece iyi anlaşılmasını istiyorum.

Her zaman öfkelenmeyen insanların öfkeleri analizden geçirilecek olsa, o bir kereye mahsus olduğu söylenen sinir patlamalarında dahi, bu aşamalar bulunur. Neler mi? Şöyle ki:

Sinir patlamasına sebep olacak bir olay gerçekleşir. *(Uyarıcı)*

Bu öfkenin zaten geçmişe dayanan bir yönü mutlaka vardır. *(Uyarıcının geçmişle bağlantısı)*

Geçmişle şu an birleşince, kişinin eli ayağı dökülür. Kalbi çarpmaya başlar. Tepesinden kaynar sular dökülür. Nefes alışverişlerinde sıkıntılar yaşar. Dili kilitlenir, sesi titrer. *(Fiziksel belirtiler)*

Fiziksel belirtilerin de şiddetlenmesiyle birlikte öfkeye, kaygı da eklenir. Böylelikle sinir patlaması oluşur. Bağırır, çağırır, kızar... *(Öfke patlaması)*

Ardından ağlama krizleri... Bu, kişide toparlanmaya yönelik bir rahatlama oluşturur. Kişi içindekileri söyleyince, kalbine sıkışanları kelimeye dökünce, ağlamayla karışık bir rahatlama oluşur. *(Geçici rahatlama)*

Aradan zaman geçer. Kişi yavaş yavaş pişman olmaya başlar. Ya karşı tarafa haksızlık yaptığı düşüncelerini geliştirir, ya da kendini boşu boşuna iki paralık ettiği düşünceleriyle yer bitirir. *(Vicdan azabı, çöküntü, kötü hissetme)*

Derken bir anda tekrar öfke patlaması yaşar. O patlama

kendisine oldukça zarar verir. Bunun yanı sıra çevreyle ilişkileri yıpranır. Bir anlamda hem kendisine, hem de yakınlarına zarar vermiş olur.

OYSA, KİŞİ İLK ANDAN itibaren kendisini sakinleştirici yöntemleri; yani kendisini 'kışkırtıcı değil,' 'içindeki öfkeyi yatıştırıcı' ifadeleri kullanabilme yöntemlerini kullansa bunları yaşamamış olur. Peki, kişi öfkeyi yatıştırıcı ifadeleri kullansa neler olur?

Elbette ki, öfke patlamasına ve sonrasında devreye girecek ruhsal çöküntüye gerek kalmaz.

Kendini sakinleştirici ifadeler; birinci aşamadan beşinci aşamaya kadar her maddede devreye girebilir. Ama ne kadar birinci aşamadan itibaren kendinizi sakinleştirici ifade kullanmaya başlarsanız, öfkenin ortaya çıkması da bir o kadar zorlaşır. Bu durumu örnek bir vakayla adım adım açıklayalım.

5 AŞAMADA KENDİNİ SAKİNLEŞTİRMEK

YEŞİM'İN TAVRI

Yeşim adında, 26 yaşında nişanlı bir bayan olsun. Nişanlısı Cem'le evlilik için gün kararlaştırmaya çalışıyorlar. Bir türlü olmuyor bu, aileler bir araya gelip tarih belirlemeye fırsat bulamıyorlar. Yeşim'in canı çok sıkılıyor. Bozuntuya vermiyor ama nişanlısına da çok kızıyor, ailesine gereken tavrı koymuyor diye.

Buluşacakları bir gün nişanlısı geç kalıyor. Yeşim nişanlısını yarım saat arıyor, bir türlü ulaşamıyor. Cem, cep telefonunu açmıyor. Yeşim ise olduğu yerde çıldırıyor.

Yeşim'i çıldırtan aşamaları tek tek gözden geçirelim:

1. Aşama: Cem geç kalıyor. *(Olay devreye giriyor)*

2. Aşama: Ailesinin vurdumduymaz tavırlarının Cem'e de geçtiğini düşünmeye başlıyor:

"Aile düğün tarihinde vurdumduymaz! Adam buluşmaya gelme saatine vurdumduymaz! Ne demeye çalışıyor bu insanlar? Bana bazı konularda mesaj veriyorlar da ben mi anlamıyorum?"

"Yoksa çok mu gurursuz davranıyorum?"

"Beni bu şekilde bekletme saygısızlığı için ona ben mi fırsat veriyorum? Acaba evlenmeye meraklı kız gibi mi görünmeye başladım bu insanların gözünde?"

"Belki ailesi erkek tavırları koyması için oğullarını fişeklemişlerdir vs..." *(Geçmiş yaşam tecrübeleriyle ters bağlantı)*

O kadar çok şey düşünüyor ki! Bu kadar düşüncenin ardından başlıyor yüzü kızarmaya ve kulakları yanıyor. Kendisini adamın birine yapışmış evlilik meraklısı kız gibi görmek zoruna gidiyor ve başlıyor endişeli düşünceler geliştirmeye. Kalbi daralıyor, nefesi kesiliyor, canı sıkılıyor. Dokunsanız ağlayacak, o kadar bunalıyor ki... *(Fiziksel belirtiler)*

3. Aşama: Beyninden kaynar sular dökülürken, Cem arıyor. Cevapsız aramaları görmüş:

"Geciktim aşkım. Şimdi çıkacağım..."

Onun lafını bitirmesine fırsat vermeden başlıyor Yeşim kızmaya:

"Yok Cem Beyciğim, siz rahatsız olmayın. Gelme, istemiyorum. Bu nedir senin yaptığın, anlamıyorum! Şuna bak ya, sabahtan beri ulaşamıyorum... Şimdi mi aklına geldi? Caddenin ortasında kaldım yarım saattir."

"Dur ya, bir dakika açıklamama fırsat ver."

"Ne açıklaması, git o açıklamayı annenlere yap sen. Onlar da mutlu olsunlar. Nikâh falan yok, hepsinin gözü aydın! Kurtuldular benden..." *(Öfke patlaması)*

4. Aşama: Telefonu Cem'in yüzüne kapatan Yeşim ağlıyor, ağlıyor. Kendisine yapılan haksızlığı, Cem için yaptığı fedakârlıkları düşünüyor. Ona ne kadar çok emek verdiğini, onun için nice zorlukları aştığını...

Ya babası? Babasını ikna etmek için az mı uğraşmıştı! Bir de Cem'in yaptıklarına bak. Yeşim bunların hiçbirisini hak etmiyordu. "Oh, iyi ki ağzıma geleni saydım. Bu iş bitecekse bile en azından içimde bir şey kalmasın!" diye düşünüyor. *(Öfkeden sonra geçici rahatlama)*

5. Aşama: Eve gidiyor Yeşim. Gece boyunca ağlıyor. Olanlar çok acıtıyor kalbini. Şişmiş gözlerle başını yastığına koyuyor. Bir anda radyoda Cem'le severek dinledikleri müzik çıkıyor. Evlenme kararı aldıktan birkaç gün sonra, bu müzik eşliğinde söz vermişlerdi birbirlerine, hiç ama hiç ayrılmayacaklarına dair. Hiçbir zaman küs olarak yatağa girmeyecekleri için de söz vermişlerdi. Sanki ilk günleriymiş gibi yaşayacaklardı en kötü günlerini bile!

"Offf..." diyor içinden, "telefonunu da kapattı." Acaba Cem aramış olabilir miydi? Dayanamayıp açıyor telefonunu. Peş peşe mesajlar düşmeye başlıyor ekrana. Hepsi Cem'den. Niye böyle yapıyorum ki ben, diye düşünüyor. Hep aynı şeyi yaptığını hatırlıyor. Cem'i çok sevdiğini, onsuz olamayacağını... Gelişigüzel açtığı mesajlardan birisine cevap yazıyor. Önemli olan da Cem'in gönlünü almasıydı. Kendisini affettirmek için sabırsızlanıyordu. *(Vicdan azabı aşaması)*

Dikkat ederseniz, öykünün kahramanı Yeşim, '*5. aşamada kendisini sakinleştirici ifadeleri*' kullanabildi ve bu ilişkiyi kurtarabildi.

Aynı şey çok tekrarlanırsa "Son pişmanlık fayda vermez!" sözündeki gibi işe yaramayacaktır, haberiniz olsun. Bu hikâye size yabancı gelmedi biliyorum. Her evde elbette bir Yeşim vardır. Hatta hepinizin içinde bir Yeşim vardır desek?

ŞİMDİ YEŞİM'İN DAHA erken aşamalarda toparlandığını düşünecek olursak, kendini sakinleştirici ifadeleri nasıl kullanacağını tahmin edilebilir misiniz? Bu noktada hepimiz beyin jimnastiği yapalım lütfen. Örneği tekrar ele alacak olursak, her aşamada kendini yatıştırmak için ne yapmalıydı sizce?

Kendini sakinleştirmeyi bilen Yeşim tavrına çeşitli örnekler sıralayayım:

1. Aşama: Cem geç kalıyor. (Olay devreye giriyor)

"Hay Allah! Bir sorun çıktı sanırım. İnşallah önemli bir şey değildir. Sağ salim gelsin de geç gelsin."

"Bu gecikme canımı sıkacak gibi görünüyor. Neyse, kendime ve duygularıma dikkat edeyim de gecikmeden dolayı gecemize bir de ben sorun eklemeyeyim."

"Bu gecenin amacı eğlenmekti. Cem geç kaldı. Eğlenceden taviz yok, ne olursa olsun canımı sıkmayacağım ve eğlenceli gece geçirmekten taviz vermeyeceğim."

"Gecikmeye canım sıkıldı ama ben hallederim. Bir gecikmenin de üstesinden gelemeyecek değilim ya! Başa çıkarım, üstesinden gelirim."

"Gecikti, kızmaya başladım. Biraz derin nefes almaya başlamanın tam zamanı..."

2. Aşama: Ailesinin vurdumduymaz tavırlarının Cem'e de geçtiğini düşünmeye başlıyor. (Fiziksel belirtiler)

"Ailesiyle ne ilgisi var canım. Trafiğe takılmış olabilir."

"Cep telefonunu evde veya işyerinde unutmuştur."

"Vücudum gerilmeye başladı. Beklemekten sıkıldım. Gerilimi hissedebiliyorum. Nefes almanın tam zamanı!"

"'Neyse Yeşim, sakin ol...' şeklinde talimat vermenin tam zamanı!"

"Kurulu saat değil ya bu, tam saatinde gelsin. İşten zamanında çıkamamıştır adamcağız ne yapsın?"

"Geciktiği için kimbilir kendisi de ne kadar gerilmiştir."

3. Aşama: Cem arıyor. Cevapsız aramaları görmüş. "Geciktim aşkım, şimdi çıkacaktım." (Öfke patlaması)

"Sakin ol Yeşim. Bağırıp çağırmak hiçbir şeyi çözmez!"

"Bağırsam elime ne geçecek!"

"Eğer çok sinirlenirsem kendimi kaybederim. İşler iyice işin içinden çıkılmaz hale gelir."

"Olanların ailesiyle ve nikâh tarihimizle ne ilgisi var?"

"Buluşmaya yarım saat gecikti diye evlenmekten vazgeçilir mi?"

4. Aşama: Yeşim ağlıyor, ağlıyor... (Öfkeden sonra geçici rahatlama)

"Şu an için yaptıklarını unut, sonra düşünürsün. Önce biraz rahatla!"

"Sürekli ona bağırıp çağırdığım anları düşünerek elime hiçbir şey geçmez."

"Neyse, olan oldu. Daha sakin düşünmek için rahatlamayı beklesem iyi olacak!"

5. Aşama: Eve gidiyor Yeşim. Gece boyunca ağlıyor. Olanlar çok acıtıyor kalbini. (Vicdan azabı aşaması)

"Bir dahaki sefere şu çektiklerimi hatırlasam iyi olacak."

"O anda ağzıma geleni söylemek maharet değil, sonrasında olan bana oluyor."

"O bağırıp çağırmaların ortasında iyi yaptığım ne var?"

"Üzerinde çalışırsam öfkemi kontrol edebilirim. Kendimi de karşımdaki kişileri de üzmem."

Buradaki işleyişe dikkat ettiniz mi?

Yeşim eğer 1.aşamada kendini sakinleştirici ifadeler kullansaydı; 2, 3, 4 ve 5 zaten devreye girmeyecekti.

Eğer 2. aşamada kendini sakinleştirici ifadeler kullansaydı; 3, 4 ve 5 devreye girmeyecekti.

Eğer 3. aşamada kendini sakinleştirici ifadeler kullansaydı; 4 ve 5 devreye girmeyecekti.

Eğer 4. aşamada kendini sakinleştirici ifadeler kullansaydı; 5 devreye girmeyecekti.

Kendini sakinleştirici, kendini yatıştırıcı ve olanları akla uygun hale getirerek geçmişle bağlamayan düşünme şekli ne kadar erken devreye girerse, öfke aşamaları da o kadar erken kontrol altına alınmış olur.

Öfke kontrol çalışmasından istifade eden insanlar; uğraşarak, çabalayarak, deneyerek ve sürekli yapmış olmaktan dolayı huy edinerek, öfkelerini daha olay vuku bulduğu anda, sakinleştirme davranışlarıyla kontrol altına alır. Böylece öfkeyi meydana getiren bu 5 aşama, makûs talih gibi yaşanmaz.

Çok eğlenceli değil mi?

Neler öğrendik?

Öfkenin kendiliğinden ortaya çıkmadığını ve öfkeyi patlatmak için çok az bir çaba harcamadığınızı öğrendiniz. Aslına bakarsanız öfkeyi patlatmak için harcadığınız çabayı, öfkeyi yatıştırmak için kullansanız yaşadınız! Ayrıca öfkenin oluşum aşamaları öğrenilmiş oldu.

Sonuç

Okuduğunuz bu beş aşamayı kendi hayatınızdaki öfkeleri değerlendirme ve yaşadığınız öfke aşamalarını ayırma noktasında da kullanmaya gayret edin. Unutmayın ki, düşüncelerle davranışlar arasında doğrudan bir bağ vardır. Zihninizde neyi tasarlarsanız, davranışlarınıza da o cereyan eder. Davranışlarının düzgün ve dengeli olmasını isteyen insanlar, önce düşüncelerini düzeltmek zorundadır. Bu da demek oluyor ki olaylara, olaylara yüklediğiniz anlamlara, olaylarla ilgili beklentilerinize, olayları yorumlama biçiminize çok dikkat etmek zorundasınız. Olmadık yerlerde, olmadık yorumlamalar yaparsanız şayet, ipin ucunu yakalayamazsınız; benden söylemesi!

Demek ki; bir olayda dikkatinizi nereye vereceğinizi çok iyi belirlemek zorundasınız. Durumu toparlayabileceğiniz olumlu bir yere odaklanmazsanız, hiç ilgisi olmayan yerlere odaklanırsınız; ki bu da hata yapmanıza, kendinizi kışkırtmanıza ve işleri yokuşa sürmenize neden olur. Ayrıca kimseden yapabileceğinin fazlasını beklemeyin, o an için bile olsa. Mesela, Cem geç kaldı. O anda geç kalmıştı zaten ve geç kalması kaçınılmazdı. Zaten geç kaldığı bir ana, illaki vaktinde gelsin diye takılmak, anla ilgili beklentiyi saçma noktaya taşımaktır. Geceyi atlatırsınız, Cem'in genel bir gecikme sorunu varsa ayrıca bunu oturup konuşursunuz.

Siz de kendinizle bir konuşun. Kendinizi de rahatlatacağınız, sizi sıkıntıya sokmayacak malzemelerle tabii...

Öfke ajandanıza kendi aşamalarınızın analizini yazmayı unutmayacağınız güzel bir okuma dileğiyle. Hadi kitabı okumaya devam edelim!

Bilişsel ifadelerle öfkeyi yatıştırmak

"Öfkeli olduğun bir anda yaptığın bir konuşma, her zaman teessüfle hatırlayacağın en güzel konuşman olur."
—Ambrose Bierce

'KENDİNİ SAKİNLEŞTİRİCİ İfadeler' başlığında öğrendiğiniz 5 aşamadan sonra bu konuyla da bilişsel ifadeler kullanıp, öfkenizi yatıştırmanızı sağlamaya devam edelim. Bilişsel ifade ne demek diye sorarsanız, hemen açıklayalım:

Öfkeli insanlar; çoğunlukla düşüncelerini bağırıp çağırarak, sert ve kırıcı cümlelerle söylemeye yatkındırlar. Her ne kadar öyle olmadıklarına inansalar da, gizli bir kamerayla günlük hayatlarını çeksek, kendilerini izlediklerinde şaşırırlar. "Aaa! Ben böyle mi davranıyorum?" diye hayret ederler belki de. Bilişsel ifade dediğimiz şey, yaptığımız bu türden düşünce ve davranış hatalarının farkına varıp, onların yerine daha akılcı, kabul gören ve bir anlamda tatlı olan davranışları yerleştirmektir.

EŞİNE SÖYLENEN AYŞE HANIM

Ayşe Hanım, eşinin çoraplarını muntazaman salonun ortasına atmasından bıkmıştır. Söylenir, homurdanır, bağırır. "14 yıldır şu çorabı ortalığa atmamayı öğrenemedin. Sen ne biçim adamsın" der, durur.

Eşi söylenenleri umursamaz. Ayşe Hanım'ın tarzı o kadar çok yerleşmiştir ki kendine, eve gelen misafirlerin yanında bile bağırır.

Ayşe Hanım ne yapmalı?

Diyeceksiniz ki; e, adam da banyoya atsın, olmaz mı? Öyle ama, maalesef ülkemizde eden kurtuluyor, diyen kurtulmuyor. Kocası çorabı ortalığa atıyor; sert ifadeyle bağırarak söyleyen Ayşe Hanım öfkeli görünüyor. İşte tam o bağırma sırasında Ayşe Hanım'ın bağıracağını fark edip kendisini toparlaması ve eşine "Çorabını banyoya götürür müsün?" diyebilmesi, 'bilişsel hata yapmaması'dır. Böylece 14 yılı karıştırmadan, eşine düz komut vermeyi başarmış olur. Zira erkekler, önemli bir bilgiyi gereğinden fazla duyduklarında duyarsızlaşıyor. Bilgiyle alâkalı 'duygu körlüğü' devreye giriyor.

YAPTIĞINIZ ÖFKELİ TAVRI, davranış devreye girmeden hemen önce yakalayıp, o davranış yerine daha makul olan yeni yöntemi yerleştirmeniz gerekir. Bilişsel yer değiştirmelere örnek verirsek daha iyi anlaşılır:

- "Eyvah, herşey mahvoldu" demek yerine, "Olan oldu, dünyanın sonu değil ya!" diyebilen kişiler olun!
- Farkında olmadan çok sık kullandığımız uçlu ifadeler vardır. "Asla" veya "Her zaman" gibi. Bu ifadeleri mümkün olduğunca kullanmamak. Bunlar, insanı sınırlayan, hareket alanını daraltan ifadelerdir. "Bu iş asla düzelmez" diye düşünen birisi, işin düzelmesiyle alâkalı yapacağı davranışların tümün-

den vazgeçebilir. Böylece kendisini çaresizlik duyguları içinde hissederek, endişelenip öfkelenmeye başlayabilir.

• Önemli kararları kızgınken vermeyin. Çünkü insan, kızgın olduğunda, olayları değerlendirmedeki sağduyusunu yitirebilir. Makul kararlar vermek yerine, sonradan pişman olacağı kararlar verir.

• Öfkeli insan, olayların gerçek yanlarını değil, abartılmış, çarpıtılmış şekliyle düşündüğü, gerçeği temsil etmeyen yanını görür. Dolayısıyla tepkisi de artar. Bu tarz tepkilere dikkat etmek gerekir.

• Öfkeli insan, o anki yapılan davranışı, geçmişle birleştirmeye bayılır. Kapıyı kapatırken, hayatında ilk kez anahtarı kapının üzerinde unutan bir danışanıma annesi; "Sen hep böylesin zaten" demişti. Ergenlik dönemindeki genç delikanlı günlerce öfkesini üzerinden atamamıştı.

Evet, genel bir dikkatsizlik sorunu olabilir ama, hayatında ilk kez yaptığı davranışı, sanki her zaman yapıyormuş gibi yansıtmak kişiyi hem öfkelendirir, hem de ona haksızlık yapıldığı hissini oluşturur.

Üstelik bu şekilde saldırgan davranmak, varolan probleme katkı sağlamaz. Tam tersi ortamın daha çok gerilmesine neden olur. Böylesi bir durumda genç "Of ya, ben hep böyleyim zaten!" dese bile, bilişsel ifadeler kullanmayı bilen anne; "Yok canım, daha neler. Çocuğum, herkes unutabilir. Buluruz bir çaresini" diyebilmelidir.

• Akılcı davranmanın, öfkeyi yeneceğini bilmek de önemlidir. Öfkeniz her ne kadar haklı bir nedenden ötürü ortaya çıksa da, akıl ve nezaket sınırları aşılmaya başlandığında, haklılığını yitirir. Bu nedenle gereğinden fazla öfkelenildiği düşünülen anlarda, mümkün olduğunca akla sığınıp, aklın gösterdiği yoldan ilerlemek gerekir.

Örneğin; geçtiğimiz aylarda bir arkadaşım, bir sebepten ötürü kızkardeşine çok kızmıştı. Öyle öfkeliydi, öyle öfkeliydi ki anlatamam. Burnundan dumanlar çıktığını görmeye az kalmıştı. Elinden gelse, fırsatını bulsa kardeşini bir kaşık suda boğacaktı. Durumu bana danıştığında, sakin olmasını, kendi önyargılarıyla değil, kızkardeşinin içinde bulunduğu gerçeklerle durumu değerlendirmesini söyledim. *Sana göre doğru olanı değil, ona göre doğru olanı hesaba katmak zorundasın,* mesajını verdim. Kaldı ki aradan birkaç ay geçtiğinde, bağırıp durduğu bu olayı hatırlamayacağını biliyordum.

O zaman için biraz yatıştı. Daha makul düşündü. Ölçtü, biçti, tarttı. Onun hayatı, kendi kararı diye kendini sakinleştirmeyi başardı. Aradan birkaç ay geçti, şu anda kızkardeşinin verdiği o kararla alâkalı olarak birlikte çalışıyorlar. Bağıran abla gitti, şimdiyse kardeşiyle iş ortaklığı yapıyor. Görüldüğü gibi, öfkeyle kalkmak maharet değil. Herkes kalkabilir. Esas maharet, aklını kullanarak adım atabilmektedir. Sizce de öyle değil mi?

- Öfke hali çoğunlukla, kişinin karşısındaki insanı bir konu üzerine ikna etmeye çalışırken oluşur.

İnsanların tamamının düşünceleri, aile geçmişlerinden, çevrelerinden ve edindikleri bilgilerden kaynaklanır. *Her insanın düşüncesi, kendisinde âdeta kemikleşir. Bir kimseyi, ayaküstü herhangi bir konuda başka bir düşünceye ikna etmeye çalışmak çok anlamsız bir çabadır.* Öfkelenmemek için bu bilişsel gerçeği anlamak zorundayız. Herkesin düşüncesi kendisine güzel gelir, kimse "Sütüm kara demediği" gibi, "Saçma düşünceler içindeyim" de demez.

Hal böyle olunca, ikili ilişkilerde, evlilik ilişkilerinde ve iş hayatında öfkeye sebep olan birilerini başka bir düşünceye ikna etmeye çalışma tavrından vazgeçmek çok daha anlamlıdır. Bulunduğunuz ortamda, yapılan konuşmalardan anlarsınız o kişinin tutumlarını. Baktınız ki sizin düşüncelerinizle ters düşen durumlar var. İnatlaşmaya gerek yok ki! Karşınızdaki kişi sizi değiştiremeyeceği gibi, siz de onu değiştiremezsiniz. Köpürüp sütlü kahve gibi kabarmaya ve kendinize kalıcı hasarlar vermeye gerek var mı?

• Herkes sinirleneceği zamanı kestirebilir. Sinirlerinizin gerilmeye başladığını, öfkenizin artacağını hissettiğinizde, burnunuzdan kocaman derin nefes alın, içinizde bir süre bekletin ve bunu ağzınızdan geri verin. Aynı işlemi 35-40 kez tekrar edin. Beyninizin ve vücudunuzun rahatladığını göreceksiniz.

• Bilişsel olarak en iyi yöntemlerden biri de öfkelenmeye başladığınızda kendinize bazı 'sorular sorma'nızdır:

"Ne yapıyorum ben?"

"Aslında bu neyin öfkesi?"

"Canımı sıkan başka bir şeyin intikamını buradan mı almaya çalışıyorum?"

"Keyifli bir anıma denk gelseydi, bu olaya aynı şekilde öfkelenir miydim acaba?"

Benzer sorular bu şekilde çoğaltılabilir. Esasında siz de daha farklı, ama kendinizi gözden geçirmenize yardımcı olacak sorular bulabilirsiniz. Böylece öfkenizin gerisindeki ana yapıyı görür, lüzumsuz patlamalarınızın önünü kesebilirsiniz. İyi bir antrenmanla bu tür soruları göz açıp kapayıncaya kadar kendinize sorabilir, cevaplarını hızla bulup, gereksiz patlamaları engelleyebilirsiniz. Hadi deneyelim!

• Bilişsel hatalardan biri de insanların düşmanca davrandığı 'yalanı'dır. Kimse sizi kandırmaya çalışmıyor. İnsanlar sizin inadınıza hareket etmiyor.

Mümkün olduğunca kendinize olumlu motivasyon yapıp, insan ilişkileri konusunda yardımcı olmalısınız. Çünkü öfke kontrol çalışması yaptığım yüzlerce kişide aynı duyguyla karşılaşıyorum. Öfkeli insanlar, diğer insanların kendilerine ters davrandığını düşünüyor hep. Oysa böyle bir durum yok! Herkesin işi gücü yok, niye sizinle uğraşsın?

• Aile içinde ve evlilik ilişkilerinde sorun yaşanmasına neden olan başka bir düşünce hatası da, öfkeli insanların beklentilerini gereğinden fazla abartmasıdır. Her insanın beklentileri vardır. Gerçekleşince mutlu olur, gerçekleşmediğinde ise üzülür, ancak kısa bir süre sonra yoluna devam eder.

Hatta öfkeli kişi, beklentisini beklenti olmaktan çıkarıp, kanuna çevirmeye başlar. Varsa yoksa onun istekleri! Bu durum bir süre sonra ailenin diğer üyelerini de rahatsız etmeye başlar. Evdeki dengeler bozulur. Bilişsel olarak bu durumu düzeltmek zorundayızdır. Evde işler daha sağlıklı yürüsün diye bazı kurallar koyabilir, aile yaşantımızı bir düzene oturtabiliriz. Ancak olmazsa olmaz diye tutturmanın mantığı yok. Aksi takdirde bunlar uygulanmadığından zor günler başlar.

• Öfkeli kişi; memleket, yöre, dede bahanesiyle öfkeli davranışlarına kılıf uydurmamalıdır. "Karadenizliyiz biz, öfkeli oluruz" veya "Benim dedem de, rahmetli, çok sinirliymiş, ona çekmişim" gibi.

Bilinçdışı yaptığınız bu telkinler sizi öfkeli yapmaya, hatta öfkeli davranışlarınızı haklı göstermeye çalışır. Oysa bilişsel ifadelerle bu hataları düzeltebilirsiniz. Dedenizin, memleketinizin arkasına saklanmak yerine, gösterdiğiniz sert tepkileri fark etmeye çalışın. Aklınıza gelen ilk şeyi söylemeyin.

İllaki dedenizi taklit edecekseniz, dedenizin sakin, aklı başında, lafı sözü yerinde söyleyen, kaliteli bir insan olduğu varsayımıyla hareket edin.

• Mizahî yanınızı geliştirmeye çalışın. Yapılan pek çok araştırma gösteriyor ki, mizah duygusuna sahip kişiler çok daha pozitif bir hayat yaşıyor.

Öfkeleneceğinizi, sinirleneceğinizi hissettiğiniz anlarda, durumla ilgili kızgınlığınızı yatıştıracak hoş bir espri üretmeye çalışın. Göreceksiniz ki, nükteli düşünceler geliştirdikçe daha sakin ve keyifli tipler olacaksınız. Örneğin kızıp sinirlendiğinizde, o kişilere belirli kaba sıfatlar veya adlar söyleyip ortamı daha çok gereceğinize, o kişiyi hayalinizde farklı şekillerde düşünün. Böylece rahatlarsınız. Hatta gülersiniz ve öfkeniz azalır.

Mesela, öfkeli genç bir danışanımla öfke kontrol çalışması yapıyorduk. Sınıflarından bir kıza çok sinirlendiğini ve hep ağız dalaşı yaptıklarını söyledi. Çalışma sırasında, o kıza çok sinirlendiğinde ne yapmak istediğini sordum, kıyamadığı saçlarını tutup, kafasını bir kova suyun içine sokmak istediğini söyledi.

"O zaman ona kaba kelimeler söyleyip ortamı germe ama, arkadaşının kafasında ters dönmüş bir kovayla gezindiğini düşün!" dedim. Bu şekilde düşünmeye başladığında, çok hoşuna gittiğini, kızı kova kafa düşündükçe de çok güldüğünü anlatmıştı. Ağız dalaşına girmediğini de ekledi tabii.

Kişiyle ilgili öfke duygularınızı, kendi zararsız yöntemlerinizle yatıştırdığınızda, karşı tarafa saldırgan tavır geliştirmenize gerek kalmaz. Mizahî yönü gelişmemiş kişiler ne yapsın? Tabii ki bol bol fıkra kitabı okusun, karikatür kitabı alıp okusun ve komedyen ünlülerin cdlerini alıp izlesin. Bu tür yayınlar, hepimizin bakıp düz gördüğü durumları, farklı açılardan izleme fırsatı tanır. İnsanın serbest çağrışımlarını geliştirir. Çok işe yarar espri üretmeyi öğrenmek konusunda. Bunun yanı sıra evlerinizdeki esprili gençlerden de istifade edebilirsiniz. Bazı gençler süper bu konuda. Onlardan ders almak lazım!

Bu arada hatırlatmakta fayda var: *Mizah, sorunlarınızı geçiştirmek değil, nükteli şekilde onlarla yüzleşebilmenizi sağlamaktır.* Ayrıca alay etmekle mizahî yaklaşımı birbirine karıştırmayın lütfen.

• Günlük koşturmaca, hayatın rutin oluşu da insanlarda öfke oluşturur. Bazı şeyleri değiştirmek gerekir. Hayatımıza arada sırada yenilikler katmak, yeni insanlarla tanışmak, çevremizi zenginleştirmek gibi. Tam da bu noktada öfkeli insanlara bakınca görürüz ki, *çok yoğun çalışıp kendisine hiç zaman ayırmayanlar* ve *gereğinden fazla boş oturup, dört duvar içinde kendisini hapsedenler* öfkeli tiplerdir.

Bu sebeple kendinize zaman ayırın. Hoşunuza gidecek, mutlu olacağınız işler yapın. Çok stres yaparak uğraştığınız işlere birazcık olsun ara verin. Ev işi çok yoruyorsa, gün içinde minik molalar verin kendinize.

Evinizin içinde sizi dinlendiren bir adacığınız olsun. O adacık sizin yapmaktan hoşlandığınız minik bir faaliyet olsun. Oturup kahve içmek gibi, sevdiğiniz biriyle sohbet etmek gibi, birkaç sayfa kitap karıştırmak gibi... Hiç kimsenin hayatı, öteki kişilerin hayatı üzerine vakfedilmemiştir. Herkesin kendisini mutlu etmek için çabaları olmalı ki, öfkeler azalsın.

Neler öğrendik?

Günlük hayatınızda yaptığınız düşünce yanlışlarını sizinle paylaşmaya çalıştım. Konuları çok uzatmadan, hata boyutuyla dile getirmeye çalışıyorum ki kafanız karışmasın, uygulamanız kolaylaşsın. Öfke, çok kereler içinde bulunduğunuz durumu yanlış değerlendirmenize, dolayısıyla ruhsal olarak kendinize haksızlık yapmanıza, mutsuz bir hayat sürmenize neden olur. Çeşitli şekillerde yukarıda anlatılan benzer düşünce hatalarını kim yapmıyor ki?

Yaşamda ve ölümde, hastalıkta ve sağlıkta bilişsel hatalarınızı kontrol edebilirseniz, daha az pişmanlık kazanırsınız!

Sonuç

Öfkeli insanlar, bilerek veya bilmeyerek birtakım tuzak düşüncelerle hareket ederler. Düşünce tarzlarındaki bilişsel hataları onları öfkeli yapar. Oysa bilişsel hatalar düzeltilirse, yanlış düşünceler doğru olanlarıyla yer değiştirirse öfkeli davranışlar yavaş yavaş silinecektir.

Siz de bu başlık altında yazılan maddeleri tek tek zihninize kazıyın. Günlük öfkelerinize bir göz atın. Yukarıdaki maddelerle benzerliklerini bulmaya çalışın.

Ayrıca bir sonraki sayfada paylaştığım örnek vakayı okuyun. Vaka içindeki bilişsel hataları bulmaya çalışın. Siz olsaydınız ne düşünür, nasıl davranırdınız, tespit etmeye çalışın. Elinize geçen bulguları öfke ajandanıza kaydetmeyi unutmayın.

Gitgide daha çok öfke farkındalığı geliştirdiğinizi hissediyor musunuz?

Öfke anlık olarak yaşanıp gitmesin. Durun, düşünün ve bir sonraki adımı daha sağlıklı atmaya gayret edin!

Öfke ve ölüm

HERŞEY İKİ YIL ÖNCE, BEBEĞİNİN ölümüyle başlamıştı. Öfkesi, ağlama nöbetleri, kendini suçlayan iç sesinin bir türlü dinmeyişi... Dört aylık hamileydi Aysun Hanım.

Üçüncü seans olması nedeniyle daha fazla birbirimizi tanıyor, konuşmaları daha doğal yapabiliyorduk.

"Şimdiden mendilimi istesem. Nasılsa ağlayacağım yine."

"*Tabii buyurun...*" diyerek yanındaki masasına bıraktım. Mendil kutusunun üzerindeki tavşan resmine gözü takıldı. Baktı, baktı. Bembeyaz görünümlü pofuduk tavşana uzanan ifadeler, biraz sonra benim gözlerimle buluştu.

İlk iki görüşmemizde olduğu gibi ne yapıp edip, kızıyla buluşturacağını biliyordum gördüklerini.

"Biliyor musunuz Mehtap Hanım, Pınar'ın böyle tatlı bir tavşanı vardı. Çok severdi. Hâlâ saklıyorum."

Banko, diyemedim içimden, çünkü camdaki perdeler, yerdeki halının desenleri, elimde tuttuğum kalem gibi kızıyla alâkası olmayan her ne varsa odada hepsiyle ölen kızı arasında bağlantı kurmayı ustalıkla başarıyordu. Kızını gömmemişti sanki! Onu yeryüzünde tutmak için ne gerekiyorsa yapıyordu. İçtiği her bardakta Pınar, gittiği her gezmede Pınar, yediği her yemekte Pınar. Âdeta onunla yaşamaya devam ediyordu. Bir çocuk hayatta olmadığı halde, herşeyde bu kadar çok yaşıyorken, bir anne kendisini nasıl olur da toparlayabilir?

Zor, çok zor!..

"Neler yapıyorsunuz görüşmeyeli, nasıl gidiyor hayat?"

"Nasıl olsun, nasıl olabilir, zaman dolduruyorum işte. Yatıp kalkıyorum, zaman dolduruyorum. Bir an önce yaşlansam veya ne zaman öleceksem işte, kızıma kavuşayım istiyorum."

Ölümler, hele de aniden geliyorsa, hele de hiç beklemediğiniz zamanlarda kapınızı çalıyorsa, insan yaşamı üzerinde derin ve sarsıcı etkilere sebep oluyor. Özellikle bebek ölümleri anneler üzerinde derin yaralar oluşturuyor. Bebekler, annelerinin uzantıları gibidir. Bir bebek öldüğünde, anne, kendisinden bir parça ölmüş gibi hissediyor ve uzun süre toparlanamayabiliyor.

İLK SEANSLARDA ANLATTIKLARINA bakılırsa hayat dolu, neşeli bir kadınmış Aysun Hanım. Üniversitenin son sınıfında tanışmışlar eşiyle. İki buçuk yıl konuştuktan sonra evlenmişler. Kendisi de anaokulu öğretmeni olduğu için çocuk eğitimi konusunda sorunları olmayacağını düşünmüş. Evliliğinin ilk 4 yılı çocuk istememişler. Malum sebepler; düğün borcu, ev borcu vs...

Bir süre sonra Pınar katılmış aralarına. Aslına bakarsanız Pınar'ı pek istememiş ilk zamanlarda Aysun Hanım. Aldırmayı bile düşünmüş, ama eşi razı olmamış. İstenmeyen bebek duygularını hissettirdiğini düşünerek dünyaya getirmiş kızını.

Öğrencilik yılları çeşitli kurumlarda faaliyetler yaparak geçen, evlendikten sonra daha ciddi bir şekilde iş hayatına atılan Aysun Hanım, kızının gelişiyle bir sarsıntıya uğramış.

Bebeği önce istememesi, ardından bebeği bakıcıya vererek iş hayatına devam etmek istemesi, eşiyle arasında ciddi sorunlara neden olmuş. Eşi, sürekli bebeğin annesi tarafından büyütülmesi gerektiğini söylemiş. Karısına işten ayrılmasını, kızları büyüdükten sonra istiyorsa tekrar çalışmaya devam etmesi konusunda baskılar yapmış. Derken, Aysun Hanım yoğun baskılar sonucunda, kabul etmiş evde kalmayı. Böylece kızıyla evde oturmaya başlamış.

İlk üç-beş ay fark etmemiş ama, sekizinci aydan sonra evde oturmak, akşama kadar bir bebeğin ihtiyaçlarıyla ilgilenmek zor gelmeye başlamış kendisine. Zaten öfkeli, agresif olan yapısı iyice gerilmeye başlamış. Bebek her ağladığında neredeyse kendisi de ağlar olmuş. Bebeğin kolik oluşu, geceleri durmayışı, ağlama nöbetleri, derken uykusuzluk!.. Aysun Hanım'ın dengeleri bozulmaya başlamış. Eşiyle kavgalar, kendisine yardım etmediği için sitemler...

Şimdi söylediğine bakılırsa, eşi bir şeylerin ucundan tutuyormuş aslında. Ama o günlerin olumsuz etkileri, herşey üzerine üzerine geliyor gibi hissettiriyormuş. Zaman ilerlemiş, minik Pınar yürümeye, koşmaya başlamış. Annenin gözü bir kez daha iş hayatına takılmış. "Bebeklik dönemi geçti. Bir buçuk yaşına geldi, birini ayarlar baktırırız" gibi düşünceler beynini yeniden kemirmeye başlamış.

HİÇ ANLAMIYORUM, ev hanımı olmayı komplekse çeviren kadınları!

Evde olmak, çocuk büyütmek dünyanın en kutsal işiyken, bir bebeğin büyümesini an be an, adım adım izlemek, yeryüzünde hiç kimseye nasip olmayacak en önemli ayrıcalıkken... Neden kadınlar evde olmayı, işe yaramazlık olarak algılayıp duruyor?

Yeni dünya düzeni yapıyor onlara bunu. Evet; üretmek güzel, üretici olmak güzel ve siz yavrularınızı geleceğe kaliteli bireyler olarak yetiştirdiğinizde emin olun ki bir holdingi yönetiyor olmaktan çok daha iyisini yapıyorsunuz. Bu konuda anlaşalım lütfen!

Haa, akşama kadar dört duvar arasında oturup sorun üretmenizden bahsetmiyorum. Evlat yetiştirdiğinizi bilmek, bebeğinizi huzurlu bireyler olarak topluma kazandırmak ve mutlu olmak gibisi yok doğrusu. Düşüncem bu; fakat bunun gerçekleşmesi, evliliklerdeki ikili diyaloglarla ilgilidir.

KIZINA DÜŞKÜN olan babası, eşinin çalışmasını erken bulmuş, 4 yaşına kadar idare etmesini söylemiş. Aysun Hanım, mecburen susmuş. Sonrasında öfke nöbetleri kol gezmeye başlamış. Kızını azarlamaya, ona kızmaya, hatta arada onu tartaklamaya bile başlamış. Bir anne için bunu söylemesi her ne kadar zor olsa da, bazı anneler kendi öz çocuklarından dahi nefret ederler! Evet, yanlış duymadınız, kendi öz çocuklarından nefret ederler. Aslında gerçekte nefret edilenin ne veya kim olduğu da bilinmez.

Anneler; aile içi ilişkiler, geniş aileyle bağlantılar, belki sevilmeyen kayınvalidenin çocuğa düşkünlüğü, iş hayatına atılmasına engel olduğunun düşünülmesi, zor bebek olması, anneyi aşırı yorması vs. gibi çeşitli nedenlerle kendi çocuklarından nefret etmeye başlarlar.

İşte o nefretin başladığı yer; geri dönüşü olmayan çelişkilerin, bilinçdışı çatışmaların devreye girdiği yerdir de aynı zamanda. Bebeğinizden bir kez nefret ettiniz mi, o duyguyu toparlamanız zorlaşır. Gerekçeniz ne olursa olsun, çocuğunuz sizi ne kadar çok yorarsa yorsun, sosyal aktivitelerinizde ne kadar geriletirse geriletsin, bebeğinizden nefret etmeyin. En büyük yorgunluklar bile bir gün azalır.

Sosyal aktiviteler kaçmıyor, bir yerlerde tekrar başlar elbet. Ama kalbinize, duygunuza yerleşen nefret, içeriden minik minik kemirir sizi. Bir şeylerin yolunda gitmediğini bilirsiniz, ama adını koyamazsınız. Adını koysanız bile, bu sefer de kendinize itiraf etmeye çekinirsiniz. İtiraf bile edemediğiniz o duyguyla öylece yaşar, durursunuz.

Sonuçta gerilersiniz.

İlişkiye tutunamazsınız.

Evladınızın sığınağı olmaktan uzaklaşırsınız.

Annelik sihri gibi görünen rahatlatıcılığınızı yitirirsiniz.

Bebeğinizin ilacı olamazsınız...

"AYNI ŞEYİ DUYMAKTAN bıkacaksınız belki. Ama o gün, o kadar sinirli olmasaydım. Of Allahım! Kendimi affedemiyorum. Çocuğumun katili gibi hissediyorum. Bununla nasıl yaşarım ben?"

"Herşey yoluna girecek..."

"Söylemesi kolay. Biliyorum, herkes beni teselli etmek için söylüyor. Ama inanın eşimin gözlerinde bile görüyorum bana katil diye haykırışlarını..."

Oysa yaşananlara bakıldığında annenin, bebeğinin ölümüne sebep oluşuna katkısı yoktu. Sanki herşey olması gerektiği gibi akıp gitmişti. Bir sabah kahvaltısında, bebeğinin kafasını göstermesi, "Of acıyor, acıyor!" diye mırıldanması, kaç annenin dikkatini çekerdi ki!

"Kaçımız altında ciddi bir rahatsızlığın olduğunu bilebiliriz? Kaçımız yılların uzman doktoru gibi duruma el koyup yavrumuzu, gelecek ciddi bir tehlikeye karşı koruyabiliriz? Kaçımız?"

"Aysun Hanım, hiçbirimiz bilemezdik. Emin olun!"

"Biliyorum, ama bir yanım bilmiyor. Eşimle kavga etmiştik o sabah. Allah biliyor ya, söylemesi zor ama; babasını yolcu ettikten sonra çocuk geldi yanıma, bir şeyler istedi, ilgilenmedim. Zaten herşey senin yüzünden oldu, oh iyi valla biz evde kölelik yapalım, erkek milleti keyif yapsın, kariyer yapsın, gibi şeyler düşündüm. Sonra kahvaltısını hazırladım kızımın, oturttum sandalyesine."

"Hı hı, hatırlıyorum anlatmıştınız."

"Evet, anlatmıştım, biliyorsunuz siz de. Kalktık, ortalığı topladım..."

Şu anda size detaylarını vermek istemediğim ani gelişen bir sağlık sorunu nedeniyle aynı gün bebeğini acile kaldırmak zorunda kalmıştı. Birkaç gün sonra da bebeklerini kaybetmişlerdi.

Aysun Hanım'ın öfkesi kendisineydi. Kariyer, iş hayatı gibi nedenlerle kızına karşı beslediği öfke duygusunu içine sindiremiyordu. Bu duyguları hiç yaşamamış olmak istiyordu.

"Hangi anne hiç kızmadan çocuğunu büyütmüştür ki? Kendi çocukluğunuza bir göz atmanız yeterli olur bazen. Etrafınızdaki annelerin neredeyse çoğu da çocuğuna kızıyor. Onların ayak bağı olduğunu düşünüyor. Aysun Hanım unutmayın ki, biz birer insanız. İnsan canlısıyız. Yani bazen daralır, niye daraldığımızı bile bilmeden etrafa kızar, dururuz. Sonra da hiçbir şey yokmuş gibi yolumuza devam ederiz."

"Gerçi uzun zaman tedavi gördüm, size söylemiştim. Doktorlar çok ilaç verdiler. Atlattığımı düşünüyordum. Hamilelikten galiba, sinirlerim iyice yıprandı. Sizinle paylaşır biraz rahatlarım diye düşündüm ve buraya geldim."

"Çok iyi yaptınız..."

"Ağlayamıyorum da biliyor musunuz? Zayıflık gibi geliyor."

"Ağlamak; duyguları, özellikle acıtan duyguları ifade edebilme gücüdür bazen."

"Hımm, hiç böyle düşünmemiştim. Pek zıtlaşıyorum herşeyle: eşimle, hayatla, herkesle, hatta kendimle..."

"Zıtlaşmayı, bir şeyler yaparken kendi yolunu aramak diye tanımlıyorum ben. Kendi yolunu arayan insanlar, diğerlerine göre zıt algılanabilirler."

Amacım onun rahatlaması, kendini iyi hissetmesiydi. Zaten hamile, zaten ilaç kullanamayacaktı ve herşeyden öte çok yalnız bir kadındı Aysun Hanım. Yakını, arkadaşı, çevresi yoktu. Kimseyle görüşmüyordu. Mükemmeliyetçi özellikleri nedeniyle insanlarla kolay kaynaşmıyordu. Onları hemen kategorize ediyor ve beğenmediklerini liste dışı ediyordu.

"Yürüyüş, farklı aktiviteler, size ve bebeğe iyi gelebilir."

"Eşim de aynı şeyi söylüyor. 'Biraz çık dolaş, rahatla, bana sarma diyor'" ve kahkaha atarak masadan bir bardak su alıyor Aysun Hanım.

"Keşke herşey çok kolay olsa. Unutmak bazı şeyleri. Hatta hiç yaşamamış olmak..."

"Olaylar ve yaşananlar olduğu gibi kabul edilse herşey kolaylaşabilir."

"Mehtap Hanım, biliyor musunuz benim ana sorunum; problem çözmeyi bilememek. Mesela bir olay olduğunda kilitlenip kalıyorum öylece. Ne zaman, ne yapacağımı kestiremiyorum çoğunlukla. Kendimi bildim bileli, böyleyim. Evlenmeden önce bile annem benim yerime çözerdi sorunları, ben ise bir kukla gibi uygulardım. Aynı şekilde iş yerinde bir sorun olsa arkadaşlarım el atarlardı duruma, bense onların yaptıklarını taklitlerdim. Sanırım artık problem çözmeyi öğrenmem gerekiyor. Hem şu halime bakar mısınız Allah aşkına? Yeni bir bebek gelecek ve ben hâlâ ne yapacağımı bilmiyorum, bilemiyorum."

"Aysun Hanım, işe önce kızınızla olan sorunu çözerek başlamalısınız. Onunla ve ona yüklediğiniz anlamlarla barışmalısınız. Günlük yaşamınızın geçmişte kalan tatlı bir anısı haline getirebilmelisiniz."

"Evet, onun melek olduğunu biliyorum. Zaten tek tesellim bu. Aslında siz bana, kızınızı gömün diyorsunuz değil mi?"

"Bir şeyler söyledim ama öyle anlaşılıyorsa..." dedim göz kırparak.

Gülüştük.

"Ben kendi hatalarını kabul etmekten aciz, sinirine hâkim olamayan biriyim. Geriye yaslanıp kendime bakınca ne görüyorum biliyor musunuz? Evde oturmamın suçu kızımmış gibi davrandım. Hâlbuki ben anne olmaktan çok memnun kaldım da, bebeğim aniden ölünce sarsıldım galiba. Onu kaybetmek bana Allah'ın bir cezası gibi geldi sanki. Suçlu hissettim kendimi hep. Hatta bu bebek için bile suçluluk duyuyorum şu an."

Sustu, düşündü biraz. Ardından sözlerine şunu ekledi:

"Siz bana problem çözmeyi, olaylara doğru bakmayı öğretin en iyisi; hazır hamileyken ve bebek gelmeden. Bu kafayla gidersem işler zor!"

BİZİ RAHATSIZ edecek düşüncelere takılıp kalırsak, hepimizin işi zor aslında. Hem olmadık şeyleri birbirine bağlayıp kendimize nefes alacak alan bırakmamak, hem de sorunsuz hayat sürebilmek. Bunu kim başarabilir ki?

Öfkeli, hareketli görüntüsünün altında matrak tarafları olan Aysun Hanım, farkında olmadan iyi bir şey yapıyordu. Sorununa mizahî bir gözle bakmaya gayret ediyordu.

"İşte bu!" dedim içimden. Mizahî olarak sorununa bakabilmesi, işimizi kolaylaştıracaktı.

Birkaç ay çalıştık Aysun Hanım'la. Yaşananlar ne olursa olsun dünyanın sonu olmadığını anlamasını sağladık birlikte.

Olayların gerçek yanlarını değil, abartılı çarpıtılmış yanlarını gördüğünü,

Başına gelen olayları geçmişte yaşadıklarıyla birleştirmemesi gerektiğini,

Hiç kimseyi hiçbir konuda ikna etmek zorunda olmadığını,

Sinirlerine hâkim olmayı ve hiç kimseden, eşi dahi olsa, yapabileceklerinden fazlasını beklememeyi öğrendi Aysun Hanım.

Geçmiş değiştirilemezdi. Gelecek onundu. Size garip gelebilir belki ama; ölüm fikri birçok kere daha iyi yaşamamızı sağlayabiliyor.

Kendi ölümümüzü düşünme hali bizi hasta edebilirken, en sevdiğimizi kaybederek ölümle yüzleşme hali, insanı hayatta daha kaliteli tutabiliyor. Ne acı! İnsan en sevdiğini kaybederek ölüme yaklaştığında, daha iyi yaşamayı öğrenebiliyor. Ve ölüm bir uyanış vesilesi olabiliyor!

En önemlisi de ölümle yüzleşebilen insan, geçmişe değil; yüzünü geleceğe dönebiliyor!

Problem çözme yeteneklerinin geliştirilmesi

"Sabırlı bir insanın öfkesinden sakının."
—John Dryden

BAŞTAN BERİ ÖFKENİN normal bir duygu olduğunu, çeşitli nedenlerle ortaya çıktığını, düşüncelerimize ve öfkeyi ortaya çıkaran alt süreçlere dikkat edileceği takdirde kontrol altına alınabileceğini söylüyorum. İşte bu başlık altında da bir hayli önem teşkil eden başka bir konuyu ele alıyoruz: 'problem çözme yeteneklerinin geliştirilmesi.'

Yıllardır seanslarda çok sayıda insanla çalıştım ve halen de çalışmaya devam ediyorum. En çok dikkatimi çeken durum ne biliyor musunuz? Birçok kişi, problem çözmeyi bilmiyor. Beceremiyor belki de. Bizim insanlarımızın sorun çözmeyi bilmiyor olduğu kanaatindeyim. O sebeple bu başlık altındaki bilgiler çok önemli. Kişi şayet bu bilgileri özümserse, kolay kolay öfke halini yaşamayacak ve bu öfke hali ona yaklaşmayacaktır.

Neden mi?

Çünkü insanlar, dara düştüklerinde, çaresiz kaldıklarında veyahut sorun anlarında ne yapacaklarını bilemediklerinde öfkeye sarılırlar. Öfke onların en büyük kurtarıcısıdır o an!

Mesela iki kişi düşünün. Bu iki kişi aynı şanssız olayı yaşasa, sorununu kolaylıkla çözebilen kişi öfkelenmez. Fakat olay anında ne yapacağını bilemeyen, eli ayağına dolanan kişi ise darda kalır ve başlar kızmaya. Sonra gelsin öfke krizleri, patlamaları...

3,5 YAŞINDA BİR ÇOCUĞUN ANNESİ OLMAK

Diyelim ki bir anne, 3,5 yaşındaki küçük kızını ısrarla sofraya oturtmaya çalışıyor. Ama çocuk inat ediyor ve kahvaltı sofrasına oturmuyor. Anne ısrar ediyor, ama çocuk yine oturmak istemiyor. Biraz sonra annenin sesi sertleşmeye başlıyor. Çocukta tık yok. Dolanıyor ortalıkta. "Dur bir şuna bakayım, dur bir buna bakayım" diye oyalanıyor.

Anne, kızını masaya oturtamayınca başlıyor sinirlenip bağırmaya. Anne sinirlenince çocuk endişeleniyor ve başlıyor ağlamaya. Anne bağırıyor, kızı ağlıyor. Evin içinde bir gürültü, bir gürültü. İçeriden kardeşin ağlama sesleri de işin içine karışıyor. Anne daha da sinirlenerek, "Hay seni! Kardeşini uyarttın!" diyor.

Anne belki de dayanamayıp omzundan sürüklüyor kızını masaya doğru. Çocuk yere oturuyor ve avazı çıktığı kadar bağırıp ağlıyor.

PROBLEM ÇÖZME yeteneği gelişmemiş, pratik zekâ denilen yeteneğe sahip olmayan her annenin "Aaa! Aynı biz" diyebileceğini hayal etmek hiç de zor değil.

Diyelim ki aynı olayı pratik zekâya sahip bir anne yaşasın. Problem çözme konusunda başarılı olan bu anne, bir olay olduğunda durumu hızla kavrayıp, kıvrak bir zekâyla sürece el koyabilir. Mesela, böylesi bir olayda ne yapabilir?

Kız çocukları o yaşlarda evcilik oynamaya bayılır bilindiği gibi. Kızının evcilik ve restoran merakını biliyorsa o anne, ilk sofraya gel teklifinden sonra beyninde bir ampul yanar ve onunla inatlaşmaz. Anne kızının yanına gider ve "İyi günler hanımefendi. Restoranımızda kahvaltı hazır, lütfen buyurun. İçecek olarak çay mı alırdınız, süt mü?" diye çocuğuyla oynayabileceği bir oyun kurgular.

O yaşlar, oyun çağı çocuğu dönemleridir. Bu sebeple çocuk bu minik ve bir o kadar haylaz olan o kurgunun içine girer:

"Çay lütfen."

"Tabii, hemen getiriyorum efendim" şeklinde devam ettirilir kurgu veya başka bir kurgu oluşturulur. Ama bu asla, "Seni ayağından tavana asarım" tehdidine dönüşmez!..

PROBLEM ÇÖZME yeteneği, bir önceki bölümün konusu olan bilişsel hatalar yapmama, mizahî düşünme yeteneği geliştirme, olaylara farklı açıdan bakma gibi yöntemlerle birleştiğinde sihirli bir değneğe dönüşür.

Birçok kişi günlük hayatında farkında olmadan da olsa problem çözme becerilerini kullanıyordur. Hatta belki bazıları aşağıda anlatılanları okuduğunda "Aaa, ben bunları yapıyorum zaten" diye de düşünebilir. Böylece bu kişiler, problem çözme aşamalarını bilmeden bizzat uyguladığını anlamış olur. Bu da iyiye işarettir doğrusu.

Bilmeyenler öğrensin, bilenler kendilerinde varolan yeteneği biraz daha geliştirsin diye anlatmaya başlayalım hemen. Problem çözmek için işte size beş adım:

(1) *Problemin tanımlanması, saptanması*

Her problemle birlikte, farkında olmasak da, bir iç problem tanımı yaşarız. Problemimiz hakkında beynimizi kemiren şeyler vardır. Hiçbirinize yabancı değildir bunlar.

Problemin tanınması aşamasında, problemin ne olduğunun farkına varılır. Zaten normal olanı da budur. Her sıkıntılı durum yaşandığında öncelikle sorunun farkına varmak gerekir. Bu süreç bir anlamda problemin zihinde netlik kazanmasıdır.

Öncelikle bu aşamada problemin kişide oluşturduğu sorunlu davranışlar, düşünceler, duygular ve bedende meydana gelen fizyolojik belirtiler gibi kişide öfke uyandıran anahtar yönler belirlenir. Örneğin, hazırladığı proje dosyası beğenilmeyen bir personel, üst üste yaşadığı bu olumsuzluk karşısında işinden atılma kaygısı yaşayabilir. Bu kaygı haliyse muhtemel olarak onu patronuna karşı öfke duyguları geliştirmeye itecektir. Hatta bir anlamda kaygı hali sırayla, onun davranışsal sorunlar yaşamasına neden olacaktır. Bu noktada kişi önce suratını asacak, yeni dosya hazırlamak için kendisini zorlayacak, belki ailesine bakması gerektiğini düşünecek ve ister istemez yoğun stres altına girecektir.

Bunun yanı sıra kaygı, o kişide aşırı olumsuz düşünceler oluşturabilir. Mesela; işten atılacağını, şu ekonomik krizde yeni iş bulma konusunda sorunlar yaşayacağını, evin geçimini nasıl temin edeceğini vs. gibi. Yine aynı zamanda bu kaygı hali kişide aşırı olumsuz duygular da geliştirebilir. Öfke, depresyon, korku, kaygı, endişe gibi...

Fizyolojik olarak ise beden bir yığın tepki verebilir bu kaygı haline; kas ağrıları, baş ağrısı, terleme, kan basıncı düzensizlikleri, uyku sorunları, mide sorunları vs. gibi...

(2) *Seçenekleri gözden geçirme*

Seçenekleri gözden geçirme; beyin fırtınası yaparak, çok çeşitli alternatif çözüm yolları düşünmek anlamına gelir. Ülkemiz insanları problem tanımı ya da saptanması kısmını farkında olmadan gerçekleştirseler de seçenekleri gözden geçirme maddesinde başarılı değildir maalesef.

Problem çözümünde ikinci doğru hamle seçenekler oluşturmak ve bu seçenekleri tek tek gözden geçirmektir. Yaşanılan problemle ilgili, saçma bile görünse, olabildiğince fazla alternatif çözüm üretmek gerekir. Öfkenin, çaresizlikler sonucu oluştuğunu söylemiştik. Ne kadar çok seçenek varsa, kişi kendisini o kadar rahat hisseder. Çözüm yoksa, öfke başlar. O nedenle problem çözmek için seçenekleri artırmak önemlidir. Demek ki;

Mantıksız veya saçma gibi görünse de birçok çözüm seçeneği bulmaya gayret etmelisiniz.

Etraftan konuyla ilgili yapılan eleştirilere göz atıp, olası seçenekleri çoğaltabilirsiniz.

Birbiriyle alâkası yokmuş gibi görünen çözümleri birbiriyle karıştırıp, uygun bir çözüm yolu bulmaya çalışabilirsiniz.

(3) *Alternatifleri değerlendirip birini seçme*

Bir önceki adımda saçma demeden, olur olmaz demeden bir sürü alternatif üretmiştiniz. Bu adım, problem için üretilen alternatiflerden en uygun görünen bir tanesinin seçilmesi aşamasıdır.

Listenizde 'kaçma' seçeneği dahi olabilir. Unutmayın ki bazen sorunlardan kaçmak da en doğal hakkınızdır. Çünkü insan her zaman çarpışmak ve uğraşmak istemeyebilir. Arada sırada kaçıp gitme hakkı neden olmasın ki!

Kaçıp gitmek, bazen boğulduğunu düşünen ortamdan kısa süreli uzaklaşmak olabileceği gibi, sorunu görmezden gelmek şeklinde de icra edilebilir.

Bazen öyle sorunlar yaşarız ki, sorun yaşadığımız kişinin kişilik yapısındaki bir arızayla mücadele etmemiz gerekir. Kişi psikolojik yönden hastadır ve tedavi kabul etmiyordur. Bu tip durumlarda, sorunu olduğu gibi kabul edebilmek de alternatifler arasındadır.

Seçeneklerin tamamını akılda tutup, bir yere yazın.

"Durumla ilgili en kolay uygulanabilen, en iyi sonucu varılabilen seçenek hangisi?" diye düşünün ve kendinize bir eylem planı hazırlayın.

(4) *Seçilen çözümün uygulanması*

Bu aşama, eylem aşamasıdır. Problem çözme becerileri için önemli adımlardan biri bu aşamada atılır. Yani alternatifler arasından seçilen çözüm, eyleme geçirilir.

(5) *Sonucun değerlendirilmesi*

Eyleme geçirilen durumun sorunu çözümleyip çözümlemediğine bakılır ve durum değerlendirilir. Eğer eylem planı işe yaramadıysa, 4. adıma tekrar dönülerek, seçeneklerden uygun olduğu düşünülen yeni bir madde denemeye alınır.

MADDE MADDE bakılınca karışık gibi görünse de çok kolaydır aslında bunları uygulamak. Gün içinde yaşayacağınız herhangi bir sorunda bu maddeleri adım adım uyguladığınızda, işin kolaylaştığını fark edeceksiniz. Uygulama sayısı ne kadar artarsa, pratikliğiniz o oranda artacaktır.

PROBLEM ÇÖZME BECERİSİNİN ÖNÜNDEKİ ENGELLER

Yukarıda sıraladıklarımız dışında 'problem çözme becerilerinin önünde bazı engeller' de vardır. Onları da yeri gelmişken sıralayalım:

(1) *Filtreleme alışkanlığı*

Kişiler genellikle bir sorun yaşadıklarında, o sorunun çevresinde olan ve yolunda giden şeyleri görmek yerine; o sorunla alâkalı sıkıntıya daha fazla odaklanırlar. Birçok şey yolunda giderken, sanki hiçbir şey yolunda gitmiyormuş gibi 10 tane iyinin arasından 1 tane sorunu filtreleyip çıkarırlar. Böylece üretemez hale gelirler ve sorunun çözümü noktasında adım atamazlar.

KAYGILI LEYLA HANIM

Leyla sekreter, genç bir kız. Normal şartlarda patronuyla iyi geçinir. Elinden geldiğince düzenli çalışmaya gayret eder. Son birkaç gündür, patronunun kendisinden istediği bir çalışma var, bir türlü yetiştiremiyor. Zar zor hazırlıyor. Patron beğenmiyor. Tekrar hazırlamasını istiyor. Leyla yine uğraşıyor, sonuç yine olumsuz.

Patron Leyla'nın iyi bir eleman olduğunu, ama nasılsa bu dosyayı bir türlü hazırlayamadığını söyleyerek, ona birkaç gün daha zaman veriyor.

Leyla'nın bu olay karşısındaki yorumu şöyle:

"Eyvah aksilik! Yine olmadı. Ben ne işe yararım ki zaten! Uğraşmanın anlamı yok, beceremeyeceğim. Kimbilir benim hakkımda ne düşünüyorlardır? Zaten işten çıkarmalar var, beni işten atacaklar. Yeni iş bulamam ki. Ne yapacağım ben şimdi? Mahvoldum!"

Oysa böyle bir olay karşısında doğru olanın şöyle bir yoruma getirilmesidir:

"Kim ne derse desin Leyla başarılı bir sekreterdir. Sadece bu dosyayla ilgili bir sorun oluşmuştur. Kimsenin onu işten atacağı yok. Bir dosya hazırlanamadı diye niye işten atsınlar ki? Eğer işten çıkarılma durumu olursa bile, burayı nasıl bulduysa çalışmak için, yine farklı bir işyeri bulacaktır. İş arama devresinde bir boşluk olsa bile onun için bu mini bir tatil sayılabilir. Hem zaten patronunun sekreteriyle bir sorunu yok!"

(2) *Aşırı genelleme özelliği*

Aşırı genelleme özelliği, problem çözme becerilerinin gelişmesini engeller. Bu biraz da olsa filtrelemeye benzer. Filtrelemede nasıl minik bir ayrıntıdan yola çıkıp moral bozuluyor ve kişi çözüm üretemiyorsa; aşırı genellemede de minik bir sorun o kadar büyük hale getiriliyor ki, çözüm üretmek zorlaşıyor. Âdeta içinden çıkılmaz bir hal alıyor.

Örneğin, keman çalmayı öğreniyorsunuz. Notalar önünüzde, deneme yapıyorsunuz; insanî bir durum olarak yanlış bir notaya basıyorsunuz o an. Hemen kocaman bir sonuca ulaşıp, bunun üzerine "Eyvah, ömrümün sonuna kadar asla keman çalamayacağım" gibi düşüncelerle genellemelere varıyorsunuz.

Bir notadan, ömür boyu sonucu çıkaran kişi, farkında olmadan kendi hareket alanını kısıtlıyordur aslında. O kişi, şayet bir çözüm üretecekse, yahut bir çabalamaya gidecekse bile eli kolu kalkmaz. Morali bozuk olur ve kendine bir türlü güveni olmaz.

Oysa bu kişi kimsenin keman çalmayı annesinin karnında öğrenmediği gerçeğini bilmeli ve şu anda virtüöz olan bir kişinin bir anda virtüöz olmadığını unutmamalıdır. O virtüöz de yanlış notalara basarak ve belli bir aşamadan geçerek ustalaştı. Öyle değil mi?

(3) *Etiketleme alışkanlığı*

İnsanların yaptıkları tek bir davranıştan genelleme yapıp kendini kısıtlaması, diğer yandan da bir etiketleme yapmış olmasıdır, etiketleme alışkanlığı. Diyelim bir konuda daha önce farklı bir nedenle sorun yaşanmışsa, aynı konuda yine bir sorun yaşanırsa, ne olursa olsun o sorunu aşamayacağımızı düşünürüz. Örnek verecek olursak:

Diyelim kek yapmak istedik. Ama geçen sefer kek yaparken elektrikler kesilmişti ve kekimiz kabarmamıştı. Bu sebeple ikinci kez tekrar kek yapmaya kalkışacağımızda önceki yaşadığımızdan ötürü hemen vazgeçeriz. Bir anda ağzımızdan şu cümleler dökülür:

"Aman ben güzel kek yapamıyorum ki zaten. Yine kabarmaz, malzemeler boşa gider, yapmayayım en iyisi. Ben iyi kek yapamıyorum."

Oysa alt üstü bir kek bu. Fazla büyütmenin anlamı yok, bir kabarır, bir kabarmaz. Ne olacak yani kabarmadıysa? Dünyanın sonu değil ya!

(4) *Kutuplaşmış düşünceler*

İnsanlar ya iyidir, ya kötü. Kişi ya beceriklidir, ya beceriksizdir gibi iki şıklı düşünme şeklidir. Dünyayı iki şıkka indirgediğiniz durumlarla ilgili sorun yaşadığınız an mümkün değildir ki problemi çözesiniz.

Örneğin; kayınvalideyle ya iyi anlaşılır, ya da kötü şeklinde diye bir mantık olamaz, olmamalı da. Sizin kayınvalideyle iyi anlaştığınız konular vardır, yine aynı şekilde—bu şık kadar doğal olan—fikir ayrılıklarına düştüğünüz konular da olacaktır. Fakat siz bu ilişkiyi kutuplara ayırdığınız an, olası bir sorunu çözme ve durumla ilgili çözüm üretme şansınız azalır. Hatta bu kaybolabilir.

(5) *Facialaştırma yanılgısı*

Olayların olumsuz yönlerini abartıp, durumu facia gibi yaşama durumudur. Kaygıya, endişeye ve bol öfkeye neden olur bu hal. Çünkü sorun tetikleyici, ama çözüm noktasında eli kolu bağlayıcı bir süreçtir.

Yaşanılan olumsuz bir durumun facia gibi algılanması,

problem çözme alanımızı kısıtlar. Öyle ya, faciaya ne yapabilirsiniz ki! Facia, faciadır.

Örneğin; eşiniz size sormadan kafasına göre bir araba aldı. O an her şekilde uygun geldi ve sürpriz olsun diye size müjde verdi. Siz bir eş olarak, sorulmadan ortak mal alınmasından ötürü bu durumu facia gibi yaşıyorsanız, ikinizin oturup bu konu hakkında çözüm üretme ihtimaliniz çok düşük olur. Çünkü bu birisine göre normal, diğerine göre son derece saygısızlıktır.

Kişi, böyle bir durumu facia olarak algılıyor ve boşanma sebebi gibi görüyorsa, o konuda çözüm üretmekte zorlanır. Kendisine haksızlık, saygısızlık yapıldığı fikrinden bir türlü uzaklaşamaz ki bir çözüm üretsin!

(6) *Zihin okuma yanılgısı*

Problem anında karşınızdaki kişinin zihninden geçenleri bildiğinizi iddia ettiğiniz anda, o kişi hakkında zanda bulunmuş olursunuz ve niyet okumaya başlarsınız. Böylece sizde problemle alâkalı olarak önyargı gelişir. Önyargı geliştiğinde, soruna çeşitli açılardan bakamaz ve sorunla ilgili olarak alternatif çözümler üretemezsiniz. Âdeta aklınıza takılan önyargıya yapışır kalırsınız. Bu da sizin hareket alanınızı kısıtlar ve problem çözmede önünüze kocaman bir engel olarak çıkar.

Örneğin; bir arkadaşınız aracılığı ile birisiyle tanıştırılıyorsunuz. İşler yolunda gider ve anlaşırsanız evleneceksiniz. Bu kişiyle bir süre görüşüyorsunuz ve anlaşamayacağınızı düşünerek, onun evlilik için uygun bir aday olmadığını söylüyorsunuz. Diğer yandan sizi tanıştıran arkadaşınızın sizin hakkınızda "Zor beğenir," "Kimseyi beğenmiyor" gibi düşünceler geliştirdiğini zannediyorsunuz. O kadar eminsiniz ki sizin kimseyi beğenmeyeceğinizi düşündüğünden, bu kez endişeleniyorsunuz. "Eyvah! Biliyorum, artık beni kimseyle tanıştırmayacak. Aklından benim hakkımda neler geçtiğini çok iyi biliyorum."

Hâlbuki böylesi bir zihin okumaya lüzum yok. Böyle şeyler kısmet işi değil midir?

(7) *Suçlama alışkanlığı*

Kişinin başına gelen pek çok durum için hep başkalarının suçlu olduğunu düşünme halidir.

Kişi, yaşanan sorunlarda hep karşı tarafın suçlu olduğunu düşünerek bir problem çözemez. Çünkü problem çözme becerilerinin temelinde "Bu durumu düzeltmek için ne yapabilirim?" mantığı yatar. Ama karşı taraf suçluysa, kişi çözüm üretmek için kendini yormaz. Nasılsa karşısındaki suçlu, zihninde ister istemez o düşünsün mantığı gelişir.

Suçlama alışkanlığı; çok tehlikeli, ilişkileri zedeleyen, kişide kibir duyguları oluşturan, hatta iletişimi koparan hırçın bir alışkanlıktır. Çok dikkat ederek, bu alışkanlığı kendimizden uzaklaştırmak için elimizden geleni yapalım.

Neler öğrendik?

Problem çözme becerileri geliştirmek için gerekli olan beş ana aşamayı; (1) problemin tanımlanması, (2) seçenekleri gözden geçirme, (3) alternatifleri değerlendirip birini seçme, (3) seçilen alternatifi eyleme geçirme (4) sonucu değerlendirme (ve uygun bir sonuç çıkmadıysa) (5) seçenekler arasından yeni bir eylem planı oluşturma aşamalarını öğrenmiş olduk.

Aslına bakarsak biz, bilinçli veya bilinçsiz bir şekilde, günlük hayatımızda bu hamleleri yapabiliyoruz. Bunları uygulayanların detaylarıyla öğrenmesi, bilmeyenlerin ise tam manasıyla kavraması gerektiği düşüncesiyle sıraladık.

Bu aşamaların yanı sıra; problem çözme yeteneği geliştirmenize engel olabilecek bazı düşünce hataları vardır. Bu hataları da burada önemle vurguladık.

Sonuç

Pek çok öfke hali; kışkırtmalardan, bu kışkırtmaların tanımlanamamasından, sorunlarla yüzleşememeden ve bu sorunlardan akılcı yöntemler üretip, uzaklaşamamadan kaynaklanır.

Problem çözme becerileri kazanmak, bir anlamda olaylara farklı açılardan bakmaya gayret etmeyi, böylece problem çözme konusundaki önyargıları bırakıp, öfke halinden uzaklaşmayı sağlar.

Başınıza gelen günlük olayları adım adım analiz etmek, yaşantılarınızı öfkenizden kurtarma ve problem çözme yönergelerini kullanarak, sakin olmaya, beklentilerin netleştirilmesine, olumlu tecrübelerin biriktirilerek yeni durumlara örnek teşkil etmesine vesile olur.

Böylece "Ay ben merak ediyorum bu insanlar sorunlarını nasıl çözüyor?" diyen kişilerden "Sorunlarım var ama, neyse ki üstesinden gelebiliyorum" diyen kişilere dönüşürsünüz.

Bu başlıktaki eğitim konusunu duygulara ve zihinlere güzelce kazımaya çalışın.

Gün içinde başınıza gelen herhangi bir sorunu, problem çözme becerilerini kullanarak analiz etmeye çalışın.

Yaptığınız uygulamaları öfke ajandanıza kaydetmeyi de unutmayın.

Ayrıca olumlu tecrübelerinizi sevdiklerinizle paylaşın. Böylece verimli davranışların çevrenizde yaygınlaşmasına katkıda bulunun.

Olumlu düşünerek, öfkeyle baş etmek

"Hiddet ekilen yerden, pişmanlık biçilir."
—A. Manzoni

KIZGIN OLDUĞUMUZ ZAMANLARDA genellikle herşeye olumsuz bakarız. İçinde bulunduğumuz durumu gerçeğinden çok uzak, abartılmış şekillerde değerlendiririz. Bu tür abarttığınız düşünceleri fark etmeniz ve olumsuz düşünceler geliştirmek yerine, olumlu düşünceler geliştirmeye gayret etmeniz için yepyeni bir başlık: 'olumlu düşünerek öfkeyle baş etme.'

Örneğin, hoşa gitmeyen bir durum olduğunda "Eyvah, mahvoldum. Herşeyin sonu geldi" diye düşünmek yerine "Hay aksi! Can sıkıcı, ama bir şekilde toparlarım" diye düşünebilmek, neden kızıldığını düşünüp, durum ne olursa olsun dünyanın sonu olmadığını hissedebilmektir bir anlamda.

"Asla" veya "Her zaman" gibi ifadeleri farkında olmadan çok sık kullanırız. Bunlar aslında hareket alanımızı kısıtlayan ve bizi sıkıntıya sokan cümlelerdir. "Bu kitap asla bitmez," "Patron bana asla izin vermez," "Annem her zaman azarlar" gibi...

Bu tür düşünceler doğru olmadığı gibi, kızgınlık anınızda haklı olduğunuzu düşünmenize neden olur. Olayla ilgili yargıya vardığınız için herhangi bir şey yapmanıza gerek kalmaz.

Akıl, insanoğluna verilen en değerli hediyedir. Sorun yaşadığımızda veya öfkelendiğimizde aklımızın göstereceği yola sığınmak yeterlidir aslında. Örneğin en kızgın anımızda bile, burnumuzdan derin bir nefes çekip, aklımıza olumlu bir şey getirebilsek, o öfkenin gerilediğini hissedebiliriz.

- Suçlayıcı olmak yerine, affedici olmak,
- İnsanların içinde bulunduğu durumu anlamaya çalışarak hareket edebilmek,
- Doğru zamanda doğru cümleleri söylemeyi alışkanlık haline getirmek,
- Şartlar ne olursa olsun, kibar ve saygılı davranışı elden bırakmamak, karşımızdakiler hak ediyor yahut etmiyor diye düşünmeden, "Bana böyle davranmak yakışır" deyip davranışlarımızı yumuşatmak gibi...

Herkesin herşeyi doğru yapmasını beklemek gerekmiyor. İnsanlara hata yapma fırsatı verebilmeliyiz. "İnsanların bizim beklentilerimize cevap vermesi gerekiyor" saplantılarından vazgeçmek çok önemlidir. Çünkü kimse başkasının belirlediği gibi yaşamak zorunda değildir.

İlk bakışta herkese garip gelebilir ama; 'mutlu, huzurlu ve sakin insanların' da bazı ortak kişilik özellikleri var. Günümüz insanı kendisini tanımlarken bazı yardımcı kaynakları referans olarak alıyor. Burcunu, memleketini, büyüdüğü toprakları, aile geleneklerini vs. gibi. "İkizler burcuyum, ruh halim sık sık değişir" veya "Karadenizliyim ben. Asabiyim, ama neşeliyimdir de" diyor.

Bana göre bunların tamamının yanında, kişinin doğuştan getirdiği, fıtratında yer alan, gelenek görenek üstü, memleketle veya alışkanlıklarla açıklanamayan bazı kişilik özellikleri vardır. Çünkü aynı anne-babadan dünyaya gelen, aynı ortamda büyüyen kardeşlerden birisi hayat dolu cıvıl cıvılken, diğeri Karadeniz'de gemilerini batırmış formatta yaşayabiliyor.

Gerçi psikolojide aynı anne-babadan gelsek bile, doğum sırasının dahi kişilik yapısı üzerine ciddi etkisi olduğunu savunan teoriler var. Yarı yarıya katılıyorum bu teoriye. Yine de bu işte başka işler var. Öfkesini kontrol edebilen, mutlu ve huzurlu olduğuna inanılan, hayatın zorluklarıyla kolaylıkla baş eden, üzüntülere saplanıp kalmak yerine yoluna devam etmeyi tercih eden güçlü karakterlerin ortak davranış özellikleri şöyle sıralanabilir:

- Başlarına gelen olumsuz durumlarda kendini veya başkalarını suçlamıyor. Doğal bir refleksle her işte bir hayır olduğunu düşünüp, durumu nasıl çözebileceğine odaklanıyor.
- Kendinden, hayattan ve başka insanlardan fazla bir şey beklemiyor. Olanı görmeyi, olanla yaşamayı yeterli buluyor.
- Öfkeli, kızgın ve stresli olduğunda önemli kararlar vermiyor. Hayatı için vereceği ciddi kararları, sakin ve rahat düşünebileceği zamanlarda alıyor.
- Bu madde çok ilginç gelebilir; ama geç yatmak-geç kalkmak yerine, erken yatıp erken kalkmayı tercih ediyor bu kişiler.
- Sıkıntılı olduğunu fark ettiğinde zihnini rahatlatacak başka şeylere odaklanıyor. Cama çıkıp derin nefes çekmek, banyoya gidip yüzlerini yıkamak, sevdikleri bir müziği dinleyip rahatlamak, sevdikleri birini telefonla arayıp iyi hissetmek, mutfağa girip kek çarpmak, dağılmış çamaşır çekmecesine yeni düzen vermek, dışarı çıkıp kısa bir yürüyüş yapmak vs. gibi... Böylece moralini bozan durumdan uzaklaşıp, daha rahatlatıcı faaliyetlere odaklanarak kendini gevşetiyor.

• Diğer ilginç madde ise budur. Çok fena halde çocuk seviyor bu kişiler. Ya kendi çocuklarını veya yakın çevrelerindeki çocukları çok seviyor. Onlarla oynayıp eğleniyor, sohbet ederek mutlu hayal dünyalarında yolculuk yapıyor. Böylelikle tazelenip, yorularak huzur bulmanın keyfini çıkarıyor.

• Aksi ispatlanmadıkça—ciddi zarar veren kişilerle karşılaşmadıkça—insanlara güveniyor. Bir insanın yaptığı hatayı, insanoğlunun tamamına mal etmiyor. Herkes için yeni bir sayfa açabiliyor. Örneğin, sevdiği erkek terk etti diye erkeklerin tümünden nefret etmiyor. Veya falanca şehirli ortağı aldattı diye o memleketin insanlarının tamamına hain muamelesi yapmıyor.

• İnsanları olduğu gibi kabul edebiliyor. Herkesi kendilerine göre değiştirmeye çalışmıyor.

• Ortalama kendilerini tanıdıkları için, zaman içinde kendilerine sorun çıkaracağını bildikleri durumların içine girmiyor.

• Fiziksel ve ruhsal olarak kendisine zaman ayırıyor. Dinleniyor, dinginleşiyor. Arkasından atlı kovalıyormuş gibi yaşamıyor.

• Kendine iyi gelecek, ruhsal olarak rahatlatacak alternatif işler yapıyor.

• Arada sırada hayatında değişiklik yapıyor. Sabah iş, akşam ev dön şeklinde olan, aynı modda ilerleyen hayat sisteminin dışına çıkmaya gayret ediyor.

• Yaşadığı anın değerini biliyor. Sıkıntı veya stres olsa bile; nasılsa geçeceğini düşünerek, zorlandığı konuları uzatmıyor.

• Evine, ailesine ve sevdiklerine zaman ayırıyor.

• Günlük işlerini, zamanında yapmayı tercih ediyor. Böylece işi biriktirip kendini bunaltacak durumların içine düşmüyor.

• Kendine; iyi hissettirecek ve motive edecek güzel sözler söylemeyi ihmal etmiyor.

- Sabah uyandığında aynada kendisine gülerek bakmayı unutmuyor.
- Herhangi bir işle ilgili olarak kendini beceriksiz veya kötü hissettiğinde, aynı konuyla alâkalı olarak geçmiş başarılarını referans olarak hatırlıyor. Böylece "Yok ya o kadar da kötü değilim, abartıp kendimi üzmeye gerek yok" mesajını hissediyor.
- Korktuğu konulardan kaçmak yerine, üzerine giderek çözmeyi tercih ediyor.
- Doğru yerlerde "Hayır" demeyi biliyor.
- "Beni kimse anlamıyor" duygusuna hiç kapılmıyor. Çünkü ne yapıp edip kendini karşı tarafa anlatmanın bir yolunu buluyor. Yani, hiç mi hiç vazgeçmiyor.
- Psikolojide "Kimi cezalandırdığımız önemlidir" diye bir prensip var. Bu insanlar, başkalarının yaptıkları olumsuz davranışlar nedeniyle kendini cezalandırmıyor. Yani, eşine kızıp sofraya oturmayan kişi, midesini açlığa terk ettiği için aslında eşini değil, kendini cezalandırıyor. Oysa aç kalmak doğru bir ceza yöntemi değildir. Mutlu insanlar, daha akılcı ve çözüme yönelik cezalar uyguluyor.
- Alıngan ve kırılgan davranmıyor.
- Öfkeleneceğini anladığı durumlarda, kendisini kışkırtıp olumsuz şeyler düşünmek yerine, moralini iyi tutacak mevzular düşünmeye çalışıyor.
- Küsme gibi bir huyları olmuyor. Ne yapıp edip sorunlarını aşmanın yolunu buluyor.
- Eleştirme, yapıcı eleştiri yapabilme ve eleştiriyi kabul edebilme yeteneğini geliştirmişlerdir. Herkes onun inadına yapıyor, düşmanca davranıyor gibi duygulara hiç kapılmıyor.
- Kendi yaptığı yanlış davranışların sorumluluğunu alabiliyor. Başına gelen olumsuz durumlar için etrafındaki insanları suçlamıyor.
- İnsanlarla konuşurken iltifat etmek, muhataplarının gön-

lünü alabilmek konusunda başarılı davranıyor.

• Duygularının farkında olarak, kendisini doğru şekilde ifade etmeyi biliyor.

• İnsanlarla alay etmeyen, ama tatlı bir espri diliyle konuşarak muhatap olabiliyor.

• Başına bir sıkıntı geldiğinde, en kötüsünü düşünmek yerine, iyi yanından bakmayı unutmuyor. Hatta kendisiyle dalga geçerek, kendisini güldürebiliyor.

• Ilımlı ve anlayışlı genel tavırlarıyla, insanlar üzerinde olumlu bir izlenim bırakabiliyor.

• Öfkelenip kırıcı davrandığı zamanlar için geri adım atıp, muhataplarından özür dileyebiliyor. Ayrıca aynı hatayı tekrarlamamak için özen gösteriyor.

• Öfkesini ve nedenini, karşısındaki kişileri rencide etmeden, sözel olarak ifade etmeyi alışkanlık haline getiriyor. Öfke mutlak dışarı çıkmak ister; ya davranışlarımızla yahut kelimelerimizle. Bu kişiler olabilecek en makul biçimde öfkesini dışarı atıyor.

• Başka insanların, zaman zaman kendi yerine karar vermesine göz yumabiliyor. "Kimse benim ne yapacağıma karışamaz!" diye tutturmuyor. İnsanların zaman zaman kendi yerine düşünebileceğini kabulleniyor.

• Öfkelendiğinde;

"Ben neden öfkelendim?"

"Kendimden çok şey mi bekliyorum?"

"Karşımdakinden çok şey mi bekliyorum?"

"Gerçek duygum öfke mi yoksa üzüntü vs. mi?"

"Hata bende mi, karşımdakinde mi?"

"Başkalarından fikir almalı mıyım?"

"Çözüm yolları ne olabilir?" gibi düşünceler geliştirip, öfkesini doğal yollardan anlamaya çalışıyor.

Sözün bittiği yer

HER TERAPİST, PROFESYONEL hayata geçtikten sonra hiç olmazsa bir kez olsun şaşırtılmak ister. "Şaşırtılmak mı? Nasıl yani?" diye sormuştum yıllar önce süpervizörüme. Günün birinde çok çalışan bir uzman olduğumda, insanlarla ilgili ilginç olaylar duyacağımı; neredeyse bir noktadan sonra hiç şaşırmayacağımı söylemişti ve eklemişti:

"Herşey randıman alınca, her terapist bir kez olsun şaşırmak ister."

Artık seanslarda duyduğum hiçbir şeye şaşırmıyorum, ama öyle vakalar geliyor ki üzülmek istemiyorum doğrusu.

AĞLIYORDU. KÂĞIT mendil aldım, yanına doğru gittim. Uzattım kâğıt mendili.

"Sağol kızım. Allah razı olsun senden" dedi. Her zamanki nazik tavrıyla ve ekledi:

"Size de kızım diyorum, ama oğlum yaşındasınız. Kızım demek geliyor içimden. Ne olur kusuruma bakmayın..."

"*Nasıl rahat hissediyorsanız öyle söyleyin*" dedim tebessüm ederek. Yerime oturdum. Oturmakla oturmamak arasında gidip geldim, yanına gidip gözyaşları için bir şeyler yapmak istiyordum. Gereğinden fazla yakın olmama kuralları, ilkeler... Oysa ona sarılmak, kalbinin acısıyla bedeninin acısı birbirine karışmış bu yaşlı kadına daha başka bir şeyler yapmak geliyordu içimden.

"*İyi misiniz? Su içmek ister misiniz ya da çay? Belki iyi gelir.*"

"Yok, yok. İyiyim."

Bir annenin başına gelebilecek en acı durumu yaşıyordu. Babasız büyüttüğü, elişi gibi göz nuru dökerek 30 yaşına getirdiği oğlundan dayak yiyordu. Kim 60 yaşına geldiğinde, evladı sayesinde köşede oturmak varken, öfkesini yatıştıramadığı oğlundan dayak yemeye dayanabilir?

Üçüncü görüşmemizdi.

Evet, Bedriye Hanım'la üçüncü görüşmemizdi. Ayda bir kez gelmeye fırsatı olduğu için her geldiğinde biraz daha solgun görüyordum yüzünü.

Kolay değil ki, kanser rahatsızlığı ilerlemişti. 4 yıl önce başlayan hastalığı ağır ağır ilerliyordu. Hastalık noktasında sorunu olmayan, yaşanacak herşeyin dünya hayatında imtihan olduğuna inanan bu tatlı kadın, yaşadığı onca sorunun arasında gülebiliyordu.

İnsana âdeta mesleği bıraktırıp, "Benim yerime geçmeye ne dersiniz? İnsanların sizin gibi güçlü ve tatlı bir hanımefendiyi görüp, nice dersler çıkarması gerekiyor" diyesi geliyordu.

Öyle çok şey yaşamıştı ki. Başından geçenler, Temeşvarlı Osman Ağa'nın esirlik hayatına taş çıkaracak nitelikteydi. Ciddiyetsiz, huzursuz, ruhsal anlamda ağır psikolojik sorunları olan bir eş, yıllarca akrabaların hepsine yapılan hizmetler, 4 kardeşin birkaç yıl içinde ölümü ve anne-babanın bir ay içinde hayattan ayrılışları...

Bir insan bu kadar çok acıyı üst üste yaşar da hâlâ nasıl

ayakta kalır, diye hayret edesi geliyor insanın. Yıllarca çocuğu olmamış. Doğuramayan kadın oluşu nedeniyle az dayaklar yememiş. Zaman akıp giderken hayattaki tek evladı dünyaya gelmiş. 6 aydan sonra çocukta gariplikler olduğunu hissettiyse de kimseyi ikna edememiş buna. O zamanlar çocuğu doktora götürmek nerede?

İlkokul döneminde davranışları farklılaşan oğlunun zihinsel ve ruhsal sorunları olduğunu anlamaya başlamış. Bir yandan zor çocuk; diğer yandan eve hacizler getiren, aşırı kıskanç, çalışmayan, her türlü bahaneyle dayak atan koca. Gözü açılmamış bir türlü zavallı kadının. Cidden gözü açılmazmış, çünkü çoğu kez aldığı yumruk darbelerinden dolayı gözleri kapanırmış. Utancından evden dışarı çıkamazmış.

"GEÇMİŞE BAKIP iyi şeyler düşünün, diyor ya ekranda uzmanlar. Geçen gün izledim. İnsan isteyince iyi şey bulabiliyor cidden. Bir komşum vardı eski mahalleden. Ahiretlik, derdik birbirimize. O bana anlatırdı, ben ona. Dertleşirdik, konuşurduk."

"Ne güzel..."

"Öldü o da birkaç sene önce. Amcan dışarı çıkanca arardım gizlice. Allah razı olsun, benim fatura yüksek gelmesin diye kapatır, beni tekrar o arardı. Titizdi ya bizimkisi, dövmesin beni diye."

"Şikâyetçi olmadınız mı hiç?"

"Yavrum tâ kaç yıl önce gittim karakola. Bunu içeri alıp bir güzel dövmüşler. Nasihat edeceğiz diye güya. Eve bir geldi. Off off, evlerden ırak..."

"Hay Allah!"

"Aman geçti hepsi güzel kızım. Çok şükür hayattayız. Buna da şükür. Allah gördüğümüzden geri koymasın!"

Ne kadar güzel bir ifade, "Allah gördüğümüzden geri koymasın!"

"*Âmin*" diyebildim o kadar.

"Hepsi bir yana da oğlan, ben kanser olunca merhamete gelir diye düşündüm. Hiç umuru değil. "Geber" diyor bana. Aklı yok ki, kızasın. Hastaneye yatsa geri çıkıyor, zekâ geride ya. Aman yavrum böyle böyle ömür dolduruyoruz işte..."

Hangimiz doldurmuyoruz ki ömrümüzü?

Psikoloji bilgilerimiz bize, insanın yaşamadıkları ne kadar yüksekse, ölüm korkusu o kadar yüksektir şeklinde bilgi verir. Bedriye Hanım ne yaşadı ki ölüm korkusu yok. Dilediği gibi güzel bir hayat yaşayamayan insanlar ölüm korkusuna kapılırlar diye biliriz. Hani yaşananlar, yaşanmışlıklar rahatlatırdı ölüm kaygısını?

Kaygı bir yana, ölümü düşündüğünde rahatlama görüyorum Bedriye Hanım'ın gözlerinde. İlk geldiği seansta, rahatsızlığı nedeniyle psikolojik destek almaya geldi sanmıştım. Oysa, ölümünden önce evladıyla ana-oğul olabilmeyi başarmak için yardım almaya gelmişti.

Oğlunun hastalığına, anti-sosyal kişilik yapısındaki agresifliğine rağmen istediği tek şey bir kez olsun, ana-oğul sıcaklığında, hasretle sarılmaktı. Doğum yapamadığı için üzüldüğü günlerde, "Aslan gibi bir evladım olmayacak mı benim? Hiç mi evladıma sarılamayacağım?" diye üzüldüğünü söylemişti ikinci seansta Bedriye Hanım.

Oysa şimdi aslan gibi bir oğlu var, ama yırtıcı yanlarıyla öne çıkan davranışları; anne-oğlun birbirine sarılmalarına izin vermiyor. Büyüdükten sonra bir kez bile oğluna sarılamamıştı. Bedriye Hanım'ın istediği tek şey, ölmeden önce, bir kez olsun, oğlunu koklayabilmekti.

Annelik ne acayip diye düşündüm kendi kendime. Evlat bu kadar mı vazgeçilmez!

Ciddi rahatsızlıklardan tedavi olan kişiler, geride bıraktıkları herşey için kızgınken, farkında olmadığı kızgınlığını yaşarken; eşlerinden, en sevdikleri evlatlarından bile uzaklaşabilirken, Bedriye Hanım niye hâlâ oğluyla kucaklaşmayla temsil edilen yakınlığı isteyip duruyordu?

ÜÇÜNCÜ GÖRÜŞMEMİZ aynı zamanda son birlikteliğimizdi.

"*Bedriye Hanım, tekrar söylüyorum, lütfen gelin hatta daha sık gelin. Sizin burada olmanızın parayla hiçbir ilgisi yok. Ücret ödemeyeceksiniz, sonsuz krediniz var bende biliyorsunuz.*"

"Biliyorum kızım. Çok teşekkür ederim. Gitgide yoruluyorum. Yaşlılık hali var zaten. Uzak mesafe. Seninle tanışmak, birkaç kez olsun sohbet etmek istemiştim."

"*Umarım işinize yaramıştır. Emeklerinizin karşılığını almışsınızdır...*"

"Almam mı? Senin güzel yüzünü görmek bile yetti. Keşke senin gibi bir kızım olsaydı, ama işte kısmet.. Yalnız şu geçen sefer söylediğin cümleyi hiç unutmayacağım."

"*Hangisini?*"

"Demiştim ya, oğlumun davranışları niye böyle, diye. Hani ben nerede hata yaptım, demiştim. Sen de ne demiştin bana güzel kızım? Şimdi tam toparlayamayacağım. Kafa gidiyor işte..." dedi kıkırdayarak.

"*Oğlunuzun davranışları sizi ilgilendiriyor ama, emin olun ki sizinle bir ilgisi yok, demiştim*" dedim.

"Hah işte o laf" dedi koltuğun kollarından tutunarak ayağa dikilirken. Sırtının kamburunu düzeltmeye mecali yoktu. Güzel yüzü, odaya giren güneş ışığının da etkisiyle pespembe parlıyordu.

"Hep diyordum ki, ben nerede hata yaptım? Bu çocuğun davranışlarının böyle olması için ben ne yaptım? Çok rahatladım sen öyle deyince güzel kızım. Oğlumun hırçın davranışları beni ilgilendiriyor ama, benimle ilgisi yok! Ne kadar anlamlı bir cümle!"

Ne kadar anlamlı cümle!

Ondan daha anlamlı cümleleri o kadar çok kimselere söyledim ki. Cümlenin anlamı kadar, anlam veren insanın kapasitesi de önemli diye düşündüm içimden.

"Ben alacağımı aldım. Allah diğer insanlara şifa versin inşallah" dedi ve seans sonu olduğu için gitti.

HAKKINDA DUYDUĞUM, bildiğim hiçbir şey olmadı sonrasında. Çok merak ettim, telefon numaralarını aradım sağlığıyla ilgili haber almak için. Ama nafile!

Hattın ucundaki ses "Aradığınız numara geçici olarak servis dışıdır" diyordu. Aradığım numara servis dışı olabilir belki, ama numara sahibinin hep bir yerlerde serviste olduğunu hissetmeye çalıştım.

Ne garip! Şu an bile onun öyküsünü yazarken içim bir tuhaf oldu. Sözün bittiği yerler vardır ya. Bedriye Hanım, bataklık gibi bir hayatın içinde, gülücükler saçarak yaşayabilen, nur yüzlü tatlı bir teyze olarak hayallerimi süslemeye devam edecek belki de.

Bir de oğlu, annesine sarılıp, kalbinin kapılarından girmesine izin vermediyse de, sarılıp öpülmeyi en fazla hak eden annelerden birisi olduğu gerçeği, hep zihnimin köşelerinde kalacak.

Neler öğrendik?

Öfkesini kontrol edebilen insanların birbirine benzeyen bazı kişilik özellikleri olduğunu öğrendik. Bu özellikler okunduğunda ya da uygulanmaya çalışıldığında, zaman içinde bir parçanız olmaya başlayacaktır. Öfkesini sağlıklı şekilde dile getiren, kendisiyle barışık, çevresiyle barışık kişiler olmak hiç de zor değil, değil mi?

Ayrıca örnek vakadaki kişinin, yaşanan her türlü sıkıntıya rağmen kendisini motive edebileceği düşünce tarzının olması dikkat çekiciydi bu aktarılanlar arasında.

Sorunları var, ama onlarla baş etmenin yolunu bulmaya çalışıyor.

Yaşadıklarının faturasını başka kişilere çıkarmıyor.

Değiştirebileceklerini değiştiriyor, değiştiremediklerini olduğu gibi kabul ediyor. Ne kadar anlamlı!

Sonuç yerine

EVET, ÖFKE KONTROL kitabımızın sonuna geldiniz. Lütfen unutmayın; öfke sağlıklı bir duygudur. İnsanlar öfkelendiklerinde bu öfke mutlaka dışarı çıkmak isteyecektir. Öfkenin dışarıya nasıl yansıtıldığı tamamen aileden ve çevreden öğrenilen bir süreçtir. Öfkeli insanlar, öfkeli davranmayı öğrendikleri için öfkelidirler. Oysa öfkeyle baş etmeyi öğrendiklerinde sorun kalmaz.

Bu kitapla birlikte siz de öfkeniz ve öfkenizin nedenleri hakkında düşünmeye başladınız. Bir anlamda size öfke kontrolü hakkında bilgiler kazandırmaya çalıştık. Öfkenin bedensel belirtileri, bunlarla baş etmek için gevşeme teknikleri öğrendiniz. Sonrasında kendinizi sakinleştirici ifadeler ve problem çözme yeteneklerinizin geliştirilmesine yönelik başlıkları ele aldık. Son olarak öfkesiyle baş edebilen insanların ortak kişilik özelliklerini sıraladık.

İlk yazdığınız sayfalardan itibaren tuttuğunuz öfke ajandanızdaki yazılarınızı bir gözden geçirin. İlk yazılan deneyimlerle, sonraki deneyimler arasında fark olup olmadığını anlamaya çalışın.

Düzenli uygulamalarda, öfkeyi farklı alanlarda tanıyıp kontrolünü sağlamaya başladıkça, aldığınız notların gitgide daha aklı başında deneyimlere döndüğünü görmeniz kaçınılmaz olacaktır.

Baştan da söylediğim gibi; bu kitap öfkenin felsefesini yapan, öfke hakkında uzun uzadıya yazılar yazılan bir kitap olmadı. Çünkü öyle olmasını istemedik.

Kimsenin yardımı olmadan kendi başına öfkesini kontrol etmek isteyenler için pratik, uygulanabilir bir kitap olsun istedik. Nitekim de öyle oldu.

İşinize yaradığını duymak isterim. Lütfen okuduktan ve uyguladıktan sonra tecrübelerinizi benimle paylaşın. Sonraki baskılarda, sizden gelen değerlendirmeleri de eklemek istiyorum.

Normal şartlarda bu kitabı okuduktan sonra öfke kontrolü hakkında bilgiler edinmenizi ve günlük hayatınızda birazcık da olsa işinize yaramasını bekleriz.

"Bu kadar bilgiyi okudum, bende tık yok, huylarım hiç değişmedi, hayatımda hiçbir şey değişmedi" diyenleriniz varsa, uzman gözetiminde bireysel bir eğitim almanızın tam zamanı!

Sabırla okuyan ve öfkesiyle barışan herkese sevgiler...